現代女性ミニ事典
The Information Please Girls' Almanac

マーゴ・マクルーン／アリス・シーゲル 著

聖心女子大学 文学部 外国語外国文学科 卒業生
小西万紀子・田中眞奈子・錦織 愛・奥田昇子 訳

松柏社

The Information Please Girl's Almanac
by Margo McLoone and Alice Siegel
Copyright © 1995 by Margo McLoone and Alice Siegel
Published by special arrangement with Houghton Mifflin
Company through Tuttle-Mori Agency, Inc., Tokyo

目　次

♀	身体と心	1
⊞	カレンダー	21
📖	優秀な子と進路	59
♡	デートと結婚	79
⊞	ファッションとドレス	91
⌣	女の子のおしゃべり	121
💡	発明大集合	147
👥	人脈を作る	163
💬	名前について	177
🏀	スポーツページ	201
🌳	歴史に名前を残した女性	225
	監修者あとがき	247

身体と心

人間の身体には、二つと同じものはありません。あなたの身体の内と外は、男の子の身体とどう違うのでしょうか。あなたの国とほかの国では、おとなの女性に成長するとき、どんな違いがあるのでしょうか。心は身体にどんな影響を与えるのでしょうか。自分の身体を気持ちよく保つにはどうしたらよいのでしょうか。この章には、そのような疑問への答えと知識が収められています。

女の子は何でできているのか

女の子は何からできているのでしょうか。まさか砂糖やスパイスといったおいしいものからできているわけではないでしょう。男女を決めるのは染色体XとYの組み合わせなのです。女子には強力な二つのX染色体があるから女性なのです。X染色体は、あらゆる染色体の中でもいちばん大きいのです。男子には一つのX染色体と一つのY染色体があります。Y染色体は、ふつう最も小さい染色体です。生まれてくる子供のすべての遺伝情報を持っている卵子は、それを受精させる精子の数百倍の大きさです。女性こそ性の原型であり、あらゆる胎児は女性として出発するのです。

女の子の身体に起こること

女性の身体は複雑にできています。女性が子供を生むときの身体の働きは、次に述べるとおりです。男性にはこれに相当することは一切ありません。

- 生まれるとき、女の子の卵巣には約40万の未成熟卵子が入っています。
- 思春期になると、卵子は成熟し始めます。毎月1個の卵子が成熟して卵巣を離れます。卵子は輸卵管を通過しますが、そこで精子によって受精されないと、分解してしまいます。子宮は卵子のために薄い組織と血液を用意しますが、卵子が壊れて約1週間後、それを放出します。これが生理または月経といわれるものです。
- 受胎は、卵巣から放出された卵子が、男性の精子によって受精したときに始まります。その結果が妊娠で、最終的には出産となります。
- 母乳分泌とは、新生児に与えるため、女性の乳房で母乳を作り出すことです。
- 閉経期とは、女性の卵巣が徐々に機能を停止する時期で、これで女性の出産年齢が終わったことになります。

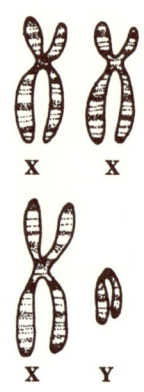

人間の四つの性的機能のうち三つまでが女性特有のもので、月経、妊娠、乳汁分泌がそれにあたる。残る一つが男性特有の性的機能で、受精である。

女性の生殖器官

内生殖器：

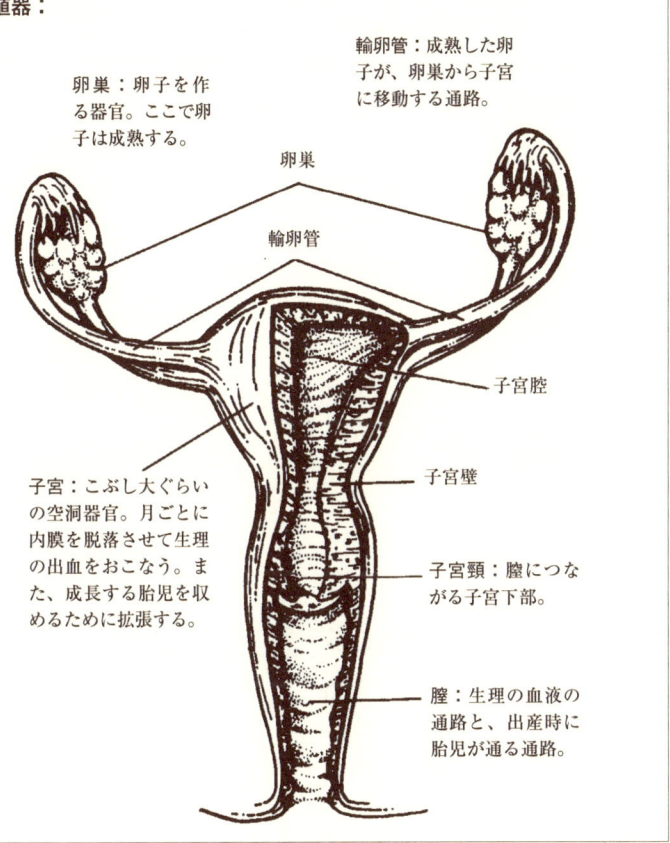

卵巣：卵子を作る器官。ここで卵子は成熟する。

輸卵管：成熟した卵子が、卵巣から子宮に移動する通路。

卵巣

輸卵管

子宮腔

子宮：こぶし大ぐらいの空洞器官。月ごとに内膜を脱落させて生理の出血をおこなう。また、成長する胎児を収めるために拡張する。

子宮壁

子宮頸：膣につながる子宮下部。

膣：生理の血液の通路と、出産時に胎児が通る通路。

身体と心　3

PMS（月経前症候群）：神話、それとも真実？

　人類の出現以来、女の子や女性は生理現象を体験してきているが、PMS（月経前症候群）が最初に診断されたのは1931年のことでした。ロバート・フランク博士という婦人科医が、生理の前の週に女性がよく経験する150の症状を取りあげました。その症状は、物忘れや気まぐれから、頭痛やむくみにまでおよんでいます。多くの女性がこうした症状を体験することから、PMSのおかげで女性は非論理的で移り気な存在である、との間違った烙印を押されかねません。

　月経前症候群には、生理痛、むくみ、頭痛、水分停滞による体重増加なども含まれています。女性の中には、こうした症状の一部あるいは全部を経験する人もいますが、何一つ経

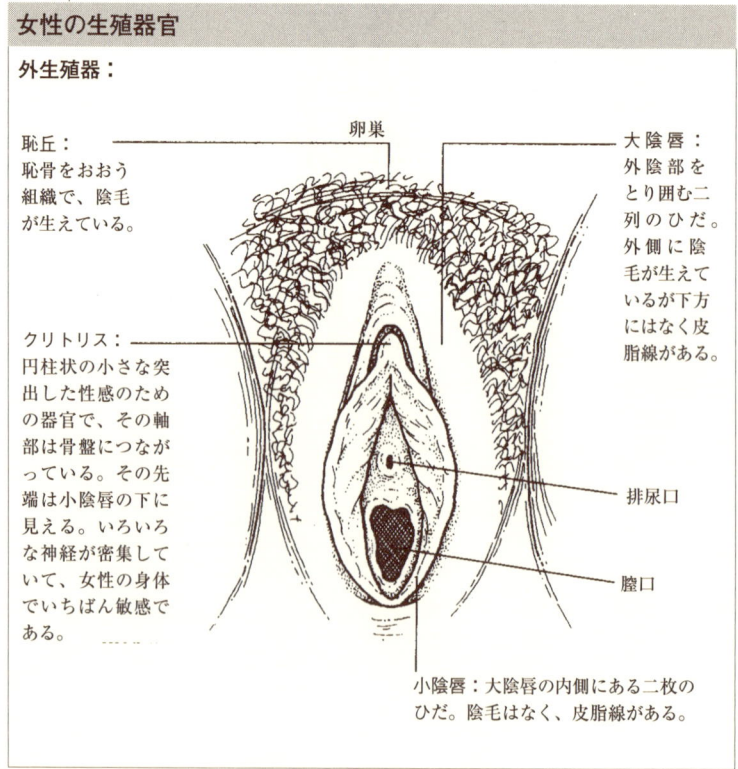

女性の生殖器官

外生殖器：

恥丘：
恥骨をおおう組織で、陰毛が生えている。

卵巣

大陰唇：外陰部をとり囲む二列のひだ。外側に陰毛が生えているが下方にはなく皮脂線がある。

クリトリス：
円柱状の小さな突出した性感のための器官で、その軸部は骨盤につながっている。その先端は小陰唇の下に見える。いろいろな神経が密集していて、女性の身体でいちばん敏感である。

排尿口

膣口

小陰唇：大陰唇の内側にある二枚のひだ。陰毛はなく、皮脂線がある。

験しない人もいます。でも、症状のある人には、同じ症状が一定の間隔をおいて発生することもあります。最近の心理学研究では、「月経前症候群による気分の変化は、午後の倦怠感、不快感、月曜病などと同じ種類に思え、女性は月経前症候群にうまく対応してそのことに気づかないことさえあります」と書いています。

少女から大人の女性へ：肉体の変化
　少女から大人の女性になる過程を思春期と呼びます。それはだいたい8歳から16歳ぐらいまでで、平均で11歳です。思春期には身体にどんな変化があるのでしょうか。
- ほとばしるような成長エネルギーを体験する
- 体内の生殖機能が成熟し、卵巣や子宮が大きくなる
- 第二次性徴が現れる。乳房がふくらみ、陰毛が生える
- 筋肉に対する脂肪の率が増える
- 声が低くなる
- 生理、つまり子宮からの出血が始まる。初潮期は間隔が不規則なことが多く、妊娠の可能性は少ない。生理の後、数ヶ月ないこともある。生理は普通25日から35日周期にあり、出血は3日から7日続く。（周期は生理の始まる日を起点とする。）

アメリカでの成人儀式
　生理の始まりは、成熟、つまり成人になった印で、祝うべきことです。アメリカでは、大人になった儀式やお祝いはめったにしません。というのも、女の子は生理は秘密にしておくもので、あからさまな表現で語らないことと教えられているからです。しかし今の多くのアメリカの女性は、女の子たちに月経を恥ずかしがるのでなく、誇りをもつようにさせて、女性としての自然現象の考え方を変えることを呼びかけています。

エストロゲン（女性ホルモンの一種）の製造は、生理周期の12日目ごろに盛んになる。卵子が受精せずに排出されると、エストロゲンは減少して黄体ホルモンが増加する。両者とも、生理が始まって二、三日すると減少する。

アメリカ原住民の儀式

- ナバホ族(南西部のインディアン)には、キナアルダと呼ばれる成人式があります。若い女性は、体力を示すために徒競走をします。また、集落の人々全員に食べてもらうための巨大なトウモロコシ粉のプディングを焼きます。彼女たちは、成人式には女神チェンジング・ウーマンに似せて特別の服を着て特別の髪型をします。そして、チェンジング・ウーマンと太陽との出会いを再現するのです。この寸劇では、女神の美と技能と仕事がたたえられます。
- 太平洋岸北西部のヌートカ・インディアンは、少女の初潮期を肉体的耐久力のテストの時と考えます。初潮をむかえた少女は、海岸から離れた海につれだされて放置されます。彼女はそこから独力で海岸まで泳ぎもどらなければなりませんが、もどると部族全体から迎えられ、喝采を受けます。ヌートカ族では、肉体的耐久力が人格を形成すると思われています。
- ニューメキシコのメスカレロ・アパッチ族は、女性の初潮儀式を部族の最も重要な祝典としています。毎年、その年に初潮を迎えた少女全員のために8日間の儀式があります。まず4日間にわたる宴会と踊りが行われます。毎晩少年歌手たちが、部族の歴史を、64の異なる歌で詳しく語ります。次いで4日間の個々の家族での儀式が行われ、少女たちは身体の変化と大人の女性への成長をじっくりと考えるのです。

世界の儀式

オーストラリア

オーストラリアの先住民の間では、少女が初潮を迎えると、「愛の魔術」というしきたりで処遇されます。部族の女性たちが、女性の力と女性らしさを表す身体の変化を、歌で教えるのです。「愛の魔術」の後、少女は母親や祖母が建てた離

アメリカでは、ユダヤ教のバート・ミッツバー(13歳の少女を祝う儀式)の儀式やキリスト教の堅信礼のような宗教儀式のほかには少女の成人式はない。デビュー舞踏会は、少女を社交界に迎え入れる儀式である。

れの小屋にこもります。そこで二、三日ひとりで過ごしてから、少女は川岸に連れ出され、母親が離れの小屋を燃やしている間、女たちに水を浴びせられたり水につけられたりします。その後身体を華やかに飾られ、部族のところにもどって結婚させられます。

日本

日本の少女が初潮を迎えると、家族は大宴会を催します。親族や友人が招待されますが、その理由は告げられません。木の葉で飾り付けた梨、砂糖漬けのリンゴ、赤飯などをのせたお膳が配られると、やっと宴会の秘められた理由が明らかになるのです。

ミクロネシア

ウリシ族は、女性の成人儀式をクファールと呼びます。初めて出血に気付いた少女は、月経の家に行かなければなりません。そこで村の女性たちが少女を水浴させ、結婚相手を見つけられるように魔法の呪文をとなえてやります。初潮から1ヶ月の間、少女は両親の家の近くに建てられた専用の小屋で過ごします。結婚するまではその小屋で暮らすのですが、生理期間中は、月経の家にこもらなければなりません。

ナイジェリア

ティブ族は、初潮の時、文字通り少女に印をつけます。腹部に四本の線を刻みつけられますが、その傷あとが女性らしさを表現し、多産にしてくれると考えられています。

スリランカ

スリランカでは少女が初潮を迎えると、正確な日時が記録されます。それを占星術師に伝えると、占星術師はその時刻と星の並びかたに基づいて、少女の未来のさまざまな事柄を予言します。ついで家族は、水浴儀式のために家の準備をします。家を白く塗り、油かすを燃やし、少女を小部屋に入れて、米や野菜のような食物だけを与えます。ポット一杯のハ

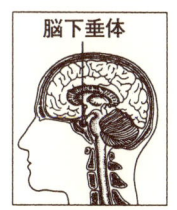

初潮の時期は、脳の視床下部によってきめられる。視床下部は卵巣を支配する脳下垂体を刺激する。

身体と心　7

生理の周期は月の周期と密接に結びついている。それは女性の身体機能が自然でリズミカルであることを思わせる。

ーブが用意され、部屋から出された少女の頭に注がれます。それから家族の女性たちが少女の髪を洗い、体中をこすります。それが終わると下着から靴に至るまで新しい白い衣服で身をつつみます。印刷したパーティへの招待状が友人に送られ、パーティでは少女に贈り物やお金が贈られます。

ザイール

　エムブティ・ピグミー族の長女が初潮を迎えると、そのために用意した月経小屋で暮らすことになります。そこに住んでいる間は、女友だちと成人女性しか入れません。年長の女性が避妊法を教えます。女友だちは、彼女が太るようにと、パーム油と肉を持ってきますが、これは太った女性が良いとされているからです。小屋にいる間、少女の足は地面に触れることを許されません。歩くときは足を木の葉で包みます。小屋での生活が終わるとき、体中に白い土を塗られ、エリマという部族の儀式に加わります。儀式の終わりに、少女と女友だちは、少女が女になったことを言いふらすため歌いながら森を駆け抜けます。

生理に関するタブー

　有史以来、多くの社会では生理（月経）を不浄なものとしてきました。そのため、女性は生理期間中は閉じこめられました。原始社会では、似たようなルールがしばしば適用されています。生理中の女性は、太陽を見たり地面に触れたりしてはならず、男性や動物と接触することは制限され、食物も限られます。原始的な部族の人々は、女性の生理の血液は、地上の生命の源に害を及ぼすと信じているのです。生理に関するタブーの実例をいくつか紹介しましょう。

● ボルネオには、若い女性を杭の上に作った独居房に押し込める部族があります。初潮が終わると女性は解放されますが、中には何ヶ月も独居房で過ごさなければならない人もいます。

- 南米のある部族では、生理中の女性は、ハンモックに乗せられ、太陽を見ないように目隠しをされます。
- 西太平洋のニューアイルランド島では、生理中の女性は、吊り下げたせまくて暗い檻の中に入れられます。
- 南アフリカには、生理中の女性が牛の通る道を歩くことを禁じている部族があります。生理の血が牛を殺すというのです。

歴史の中の女性

聖書では、イブはエデンの園に住んでいたといいます。彼女はユダヤ教とキリスト教の歴史では最初の女性でした。しかし、私たちは、約20万年前にアフリカに生きていた一人の女性の子孫なのです。科学者は、全人類に共通の一個のDNA「指紋」を分離しましたが、それは女性のものなのです。一人の女性が全人類の遺伝子の源なのです。

大昔の女性は力持ちで、頑健で、自由でした。そして、自分の身体と子供たちの身体の健康管理をしていました。彼女たちはその社会のリーダーであり、賢人であり、語り部であり、医師であり、魔術師であり、法律制定者でした。新しい生命を創り出せることと生理のサイクルは、同時代の男性の畏敬するところでした。しかし、古代文明以降、女性は時に非常に違った存在になってきました。文明によって女性がど

ショック、恐怖、あるいは気分の落ちこみといった、情緒面でのストレスのために生理が止まるのは珍しいことではない。たとえば、強制収容所に入れられた女性で生理が止まった人がいた。また、危険なほどに体重が減ると生理が止まることもあるが、これは拒食症の女性によくあることである。

右利きの人が圧倒的に多いのは女性からきている。太古の昔より、女性はその左腕に赤ん坊を抱いた。母親の心臓鼓動音から赤ん坊が安らぎを感ずるためである。この習慣のために右手が自由に使いこなせるようになったのである。

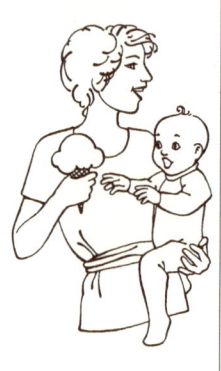

う扱われてきたか、実例をあげてみましょう。

● 中国では、何千年もの間、子供の生まれるベッドの脇に灰を詰めた箱を置きました。女の子が生まれるとその灰で窒息させたのです。

● インドでは、望まれない女の子は、毒を飲まされたり、海に投げ込まれたり、ミルク漬けにされたり、サメの餌食にされたりしました。

● ギリシアの哲学者アリストテレスは、女性は未完成の男性であり、生まれつきの優位性によって男性は支配する側に立つと教えました。

● ある19世紀の哲学者は、女子教育の弊害として次のようなことをあげました。神経過敏、貧血症、ヒステリー、発育不全、やせ過ぎなどです。そのうえ、女子の頭に知識を詰め込みすぎると、胸が平らになって、発育した子が生めなくなると言いました。

● 1980年代の中国では、羊水穿刺（羊水を採取すること）、すなわち胎児の性別、健康を判断するテストが、望まれない女子を中絶するために利用されました。

● 最近の国連の報告書によると、第三世界の国々では、栄養不良の女児と栄養のゆき届いた男児の実例が見られるといいます。あまり豊かでない食料を、女児より男児に多く与えているのです。

● アフリカのソマリ族では、女児の割礼（クリトリス切除）は一般的です。女性の98パーセントが手術を受けています。世界中のイスラム教の女性は、結婚以前にこの手術を受けなければなりません。

● 合衆国国務省は、1994年、女性の権利に初めて焦点をあてた人権報告書を発表しました。この報告書には、193の国の女性差別の実例が収録されています。

女性のことを弱い性とは誰が言ったか

男と女はどちらが賢いですかと聞かれたとき、イギリスの

随筆家サミュエル・ジョンソンは答えました。「どの男とどの女かね」

　少年と少女の相違点を研究している科学者によると、男女両性間の相違点より、男性、女性それぞれの中での相違点のほうが大きいそうです。以下にあげるのは、すでに知られている身体と性の相違点です。

- 出生から思春期までは、女子のほうが肉体的、発育的には男子より成熟する。
- 体重と身長では、男子のほうが女子よりまさっている。
- 女児のほうが男児より強健で、出産前と嬰児期の死亡率は男児のほうが高い。
- 一般的にいって、10歳までは女子のほうが男子より健康で、病気にかかる回数も、医者の往診をあおぐ回数も少ない。
- 9歳から12歳ごろの女子は、男子より平均2年早く成長する。12歳ごろの女子は、普通、身長、体重とも男子にまさっている。
- あらゆる年齢で、男性は女性より骨盤下口が狭く、肩幅は広く、筋肉に対する脂肪の率が低い。
- 体内脂肪率が低いため、女子より男子のほうが、水に浮いたり寒さに堪える能力が低い。
- 幼時から男子は女子より攻撃的行動をとることが多い。このことは、ほとんどの文化圏と、ほとんどの動物の種にあてはまる。
- 女性の平均寿命は、男性より平均7年長い。
- 女性は、味覚、嗅覚、触覚、高音に対して、男性より敏感である。
- 8歳を過ぎた男子では、視界空間能力、つまり空間内での物体や形態およびその関連性を見極める能力が女子より若干すぐれている。

女性の染色体XXは、病気に対する免疫体を作る遺伝子を持っている。女性ホルモンであるエストロゲンとプロゲストロンは、ある血液細胞を刺激して、感染症を防ぐ。

肉体の仕掛けるわな

美しくなるために女性にかせられた落とし穴や難行苦行を考えるとき、女性であることはなまやさしいことではありません。歴史や多くの文明を調べるとき、女性の肉体への異常なまでの執念が見えてきます。近年でも、バービー人形ルックは、女の子に女性の肉体の見果てぬ夢を抱かせています。もし、現実の女性にバービーの身体をあてはめれば、足が小さすぎて歩くことはおろか、立つこともできないし、ウエストは、25センチも細いことになります。バービー人形のような美しい身体になろうとして、自分を改造しようとする女の子や女性の命がけの努力を見てみましょう。

足

中国では、11世紀に始まったことですが、女児の足を縛る習慣がありました。足を固く縛って大きくならないようにしたのです。指先はなくなり、かかとと足先の間に深い溝ができました。小さい足は美と身分の印でした。てん足（足を縛ること）は、足の大きい労働階級の女性と、裕福な有閑階級の女性を区別することでした。てん足をした女性は、歩くと痛いので家に閉じこもりました。この習慣は、20世紀になると法律で禁じられました。1950年代のアメリカでは、ひどく先のとがったハイヒールをはくために、外科手術で足の小指を切除する女性もいました。

脚

ごく最近のアメリカで、栄養がゆきとどいて男性よりも背が高くなりそうな女の子の中には、小柄できゃしゃな体形を保つために、発育を止める治療をする人もいました。それ以外にも、「背の高すぎる」女の子で、脚の骨の一部を切除する外科手術を受けた人もいました。

ウエスト

1800年代の終わりごろには、腰回りを細くするために、い

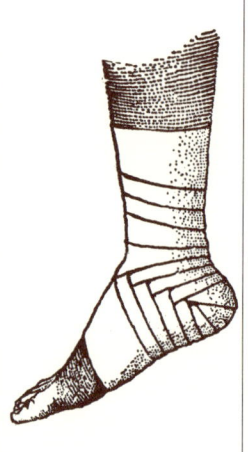

フランスの画家ドガは、自分の描く少女や女性の、無器量な部分の情趣に魅せられた。

ちばん下の肋骨2本を切除する手術を受ける女性もいました。

胸

　1960年代のアメリカでは、胸を大きくするために、液体シリコンを注入する女性もいました。この危険な手術は、裏目に出ることがよくありました。シリコンが固まって身体の中を移動し、感染症、壊疽（えそ）、異常な肉腫などを引き起こしました。今日でも豊胸手術を受ける女性はいます。乳房を前に出すために乳房の下にシリコンの小袋を埋め込むのです。

首

　ミャンマーのパダウング族の女性の間では、首の長いことが美人の条件です。若い女性は、首を伸ばすために、首に真鍮か鉄の輪をはめます。5歳のときに始めた輪は、大人になると22個にまで達します。首の椎骨が引き離され、死ぬ危険にさらされても、首輪ははずしません。こうして「美しい」首は35センチほどにも引き伸ばされるのです。

歯

　メキシコの古代マヤ族では、少女や女性は歯をやすりで削ってとがらせ、いやがうえにも美しくなるために、歯に宝石をはめ込んでいました。

唇

　アフリカのスラス・ジョング族の少女は、4歳の時から、木製の円盤を挿入して唇を伸ばし始めます。成長するにつれて円盤を大きくし、唇もどんどん伸びて、ついにはしゃべるのもやっと、流動物しか口にできなくなります。
現代のアメリカでは、シリコンを注入して唇をふっくらさせる手術をする女性もいます。

顔

　アメリカの美容整形はビッグ・ビジネスです。ちょっとし

1989年のミス・アメリカ・ページェントの参加者のうち、5人は手術によって胸を大きくした人でした。

た欠点をなおしたり、より美しくなるために整形手術を受ける人のうち、87パーセントは女性です。整形手術の主なものは次のとおり。鼻を削ったり、形を整える鼻形成術。目尻のしわやたるみを除くための顔面形成手術。たるんだ顎をなおす顎下線切除術。皮膚の表層を焼いてしわを除去する化学外科療法。たるんだ顔の皮膚を引き締めたり、切り取ったりする顔の若返り術（傷跡を隠すため、皮膚は髪の生え際のところで縫い合わせる）。

体重

　体重を気にするアメリカ人は、1970年代には、減量のために腸管封鎖のバイパス手術を受けました。この手術を受ける人の90パーセントが女性でした。また、70年代初期には、物を口にしないように、顎を針金で縛る女性もいました。1976年には、胃袋のホチキス留めと称する手術も導入されました。脂肪を除去してから胃をたたむように縫い合わせてもらうことで、女性は胃を小さくしました。脂肪吸い出し、つまり脂肪組織を腹部から吸い出す外科手術もありました。こうした手段で体重を減らせると考える女性もいますが、実は危険なことで、効果は長続きしないのです。

拒食症と過食症

　歴史上で、十代の少女が、押しつけの結婚に反抗するか、神や聖人へのいけにえになるために絶食したことがあります。今日では、アメリカの女の子や女性は、美しさのために絶食をします。神経性拒食症とは、食物に対する衝動的恐怖または病的執着を言います。毎年、多数のアメリカ女性が拒食症で亡くなっています。彼女たちは自分から飢えて死ぬのです。

　過食症は、食べても後で吐き出してしまう食事面での変調です。これは味見をし、食べるけれども、カロリーと脂肪を排除する、絶食法のひとつです。

考える材料
- 脂肪は、かつて「絹の層」と呼ばれた。
- 食べなければ自分の身体を十分に管理できない。
- 脂肪は豊穣を意味する。女性の脂肪は元来不健康なものではない。
- 激やせモデル、女優、ダンサーの体重は、平均的アメリカ女性の体重より23パーセントも少ない。
- 1920年代以前には、ふんわり丸いヒップ、太股、おなかは魅力的で好ましいものとされていた。
- セリュライト(皮下脂肪)は、正常な肉づきであるのに、ファッション雑誌がそれに醜いという烙印を押した。
- 最近、ティーンの雑誌に読者が投書してきた。「太股の脂肪がグロテスクとされるのはどうしてなの。だって同じ脂肪がバストにつけば、セクシーっていわれるじゃない」

美人コンテスト
　美とは何でしょうか。美人コンテストとは何でしょうか。もし「美は見る人の目に宿る」のなら、コンテストを見る人は、美のことを何と表現するでしょうか。世界各地の美人コンテストを見てみましょう。
- ナイジェリアのウオダーベ族では美男コンテストをします。この部族では女性がすべての経済力を握っていて、男性は集団で時間をかけて念入りに化粧をし、女性が審査する美男コンテストで美を競うのです。
- てん足が一般に行われていたときの中国では、小さい足コンテストが開かれていました。女性は足だけを見せてカーテンの背後に立ちました。彼女らの美しさは、足の大きさで審査されたのです。
- 世界一大きなビューティ・コンテストは、ミス・ヘミスフィアー(地球半球)ページェントです。3歳という若さの女児が、美、魅力、身のこなし、人格で審査されるのです。このコンテストでは、よちよち歩きの女児がつけまつげを

> 「愛らしさはいずれ色あせてしまうが、それまでにほんの一瞬の間、美になりすますことができる。というのも、愛らしさは、実を言うと、美しさに敵対するものだからだ」
> メトロポリタン美術館学芸員、ハイヤット・メヤー

つけ、房飾りつきのビキニを着ます。
- ミス・アメリカ・コンテストは、ニュージャージー州のアトランティックに観光客を誘致するための水着美人コンテストとして始まりました。今日では、奨学金プログラムと称しているが、内容は何も変わっていません。奨学金獲得者は依然として水着姿で美しく見えなければならないのです。

耳よりなボディケア情報

自然で効果があり、経費をかけずに身体の手入れをするための、いくつかのアドバイスあげておきましょう。

足の冷え

靴下に赤とうがらしの粉を入れます。そうすれば火傷をしないで足が暖まります。

甘い塗り薬

軽い切り傷、すり傷、やけどの治療に、4千年前から砂糖が使われています。白いグラニュー糖と水で作ったペーストを、血のとまった傷に塗るのです。砂糖が傷口を消毒し、治りを早め、傷口をふさいでくれます。

ガムで歯の手入れ

食後歯を磨いたり糸ようじで掃除できないときは、シュガーレス・ガムをかみなさい。食後5分してからかみはじめ、15分以上かんではいけません。ガムをかむと唾液の分泌がうながされ、唾液が歯の間に入り込み、虫歯の原因となる酸を撃退するのです。

しみの手当

しみには重曹とお湯で作ったペーストを軽くすり込みます。重曹は油を吸収し、皮膚のペーハーのバランスを保ってくれます。丸めた脱脂綿で3パーセントの過酸化水素を塗ります。過酸化水素は黒ずんだ傷跡を白くしてくれる消毒剤です。

乳液マスク
　脂性の肌には、酸化マグネシウム乳液を重ね塗りします。15分間乾燥させたら完全に洗い落とします。マグネシウム乳液が油を吸収し、消毒してくれます。

心の癒し方
　身体と心は密接につながっています。爽快な気分を保つために、身体と心にしてやれることをいくつか紹介しましょう。これは、アメリカ各地の女の子から寄せられたものです。
- 自意識過剰にならない気楽な服装をして散歩に出かけます。歩くと頭がすっきりするので、気持ちを切り替えられ、周囲のものごとを楽しめます。
- 忙しいスケジュールから一日だけ午後をはずします。うたた寝をしようと、本を読もうと、友達とゲームをしようと、それは自由です。

- ルイ14世の妃、マリー・アントワネットがしたように、暖かくて気の休まるハーブ湯に入ります。月桂樹の葉、タイム、マヨラナを手ぬぐいで包み、カップ一杯の塩といっしょに湯の中に入れます。とてもリラックスできます。
- 日記帳かテープレコーダーに、少なくとも週二回、日記を記録します。ためらってはいけません。感じたままを記録するのです。

- 好きな音楽を聴きます。
- 壁絵や自画像を描いてみます。想像力を駆使します。
- 自分の夢を記録してみます。
- 髪をいじってみましょう。女の子の多くは、赤茶色のヘンナ染料や、明るいクールエイド色のリンスを使いたがります。この染料は永久的なものではないし、髪を痛めることもありません。
- 力を入れたり抜いたりして、全身の筋肉をリラックスさせます。爪先から頭の先までやってみます。
- ヨガやストレッチは、ストレスを弱め体調を整えてくれます。ヨガは力、バランス、柔軟性を高め、姿勢をよくし、幸福感を与えてくれます。
- やっかいな問題から心を切り離すために、静かな場所を選び、目を閉じ、身体をリラックスさせ、平和な夢のような環境に身を置いていると想像してみます。これは瞑想の一種です。
- ストレスを受けたり、情緒不安定に落ちいったときは、目を閉じて大きく3回深呼吸します。このとき、肺から空気が全部吐き出すつもりでやりましょう。これでリフレッシュができ、頭がすっきりするでしょう。
- 音楽をかけて踊ってみます。ひとりでくるくる回るもよし、ほうきとワルツを踊るもよしです。
- 怒りを表に出す、これは健全なことです。もし気に入らないことがあったら、はっきり口に出し、それを変えようとしてみるのです。変えることができなかったら、それに対する自分の考えかたを変えてみるのです。

人に伝えたい爽快な気分になる秘訣があったら、ぜひ手紙をください。

身体によい食品

　言い伝えによると、次の食品は身体によいとされていて、現代の科学者も認めています。
- クランベリー・ジュースは尿路感染症に効果があります。理由は、膀胱壁にとりついて感染症をおこすバクテリアを

ジュースが抑制するからです。
- にんじんは目に効きます。にんじんやある種の果物や野菜にはベータ・カロチンが含まれていて、眼病を予防してくれます。一日一本のにんじんが、失明につながりかねない黄斑変性を防いでくれるのです。
- チキン・スープは、風邪にともなう鼻づまりに効きます。鶏肉にはアミノ酸が含まれていて、これが鼻腔内の粘液の膜を薄くし、鼻づまりを解消します。
- にんにくとたまねぎは、インフルエンザや風邪のウイルスを殺します。
- 魚は頭脳をよくします。魚と貝には、亜鉛というミネラルが入っています。研究の結果、亜鉛がごくわずか不足しても、思考や記憶力が減退することが明らかになっています。
- ブルーベリーは、下痢をおこすバクテリアと戦います。
- バナナは天然の制酸剤で、胸やけや胃痛を和らげてくれます。
- ほうれんそうは元気の元、葉酸を多量に含んでいます。葉酸が不足すると、気分が憂鬱になりかねません。
- 根しょうがは乗り物酔いからくる吐き気をおさえ、偏頭痛を和らげてくれます。新しょうがの根を10分間煎じてしょうが茶を作ります。
- 不眠症克服にはたまねぎを食べなさい。たまねぎには、ケルセチンという穏やかな天然の鎮静剤が含まれています。
- 乳酸菌の入ったヨーグルトは、膣イースト感染症を引き起こすバクテリアを退治します。

セクシャル・ハラスメント（セクハラ）

　男女がふざけ合うのとセクシャル・ハラスメントとはどう違うのでしょうか。ふざけ合うのは楽しいことでもあり、自らすすんで参加するものだし、陽気で害がありません。しかし、セクシャル・ハラスメントは楽しいどころではありません。好ましくない、みだらな言葉、性的内容をこめた文書、

身体と心

> 1992年に行った、小学校2年生から高校3年生までの女子生徒を対象にしたアンケートによると、回答者の89パーセントが、好ましくない性的態度、視線、言葉の対象にされたと答えている。

女子の身体をつかむこと、面白いからという理由だけでパンツを引き降ろすことなどさまざまです。こうした行為の対象には普通、女性が多くされるとはいえ、セクシャル・ハラスメントは、常に男性が女性にしかけるものとは限りません。セクシャル・ハラスメントにより、女の子や女性は犯されたとか、気落ちしたとか、脅かされたと感じる可能性があります。セクシャル・ハラスメントは、いろいろな形態をとって広がりつつありますが、とくにアメリカの学校に顕著です。セクシャル・ハラスメントの対象にされたと感じたときはどうするべきか、いくつかヒントをあげておきます。

1. 無視してはいけません。無視したからといって、なくなるものではありません。不快になったり、脅かされたと感じたら、誰かに話すべきです。
2. 小さなことでも書き留めておきましょう。誰か目撃者がいたら、その名前も書いておきましょう。あからさまな性的文書は、すべてとっておきましょう。
3. 相手にやめるよう言いましょう。信頼できる成人に助けてもらって、ハラスメントの実体を説明し、やめるよう要求した手紙を書いて、当人に送りましょう。そのコピーはとっておくこと。
4. ハラスメントを受けたからといって、自分を責めてはいけません。罠にかかっているわけでもなければ、<u>孤立無援</u>でもないのです。両親や学校関係者も助けてくれるはずです。
5. 自分を信じて何かをしてくれるガイダンス・カウンセラー、教師、校長に知ってもらいましょう。それでだめなら、ことの次第を詳細に書いて、州の教育局に手紙を送りましょう。

カレンダー

女性達の

言葉

祝典

誕生日

それに初めての快挙

1月

1 ベッツイ・ロス（Betsy Ross）の名で知られるエリザベス・グリスコム（Elizabeth Griscom）が、1752年のこの日に生まれた。最初のアメリカ合衆国の旗の製作者と言われている。

2 Zの日。つまり名前がZで始まる全ての女の子を祝う日。

3 リュクリーシア・コフィン・モット（Lucretia Coffin Mott）は、1793年のこの日に生まれた。奴隷と女性の権利のため戦った有名なクウェーカー派の聖職者であった。

4 エリザベス・アン・セトン（Elizabeth Ann Seton）は、1821年のこの日に死去。ローマカトリック教会から聖人の名を授かった最初のアメリカ人。カトリック派の小学校を設立し、アメリカ合衆国のミッションスクール制度のための財団を設立した。

5 ネリー・テイラー・ロス（Nellie Tayloe Ross）は、1925年のこの日にアメリカ最初の女性知事になり、ワイオミング州を治めた。

6 フランスの戦士、予言者、聖人であるジャンヌ・ダルク（Joan of Arc）は、1412年のこの日に生まれた。

7 作家であり民俗学者でもあるゾラ・ニール・ハーストン（Zora Neale Hurston）は、1891年のこの日に生まれた。

8 ギリシア共和国の女性と助産婦の日。家事や子供の世話に追われるギリシアの女性を称える日で、彼女たちはこの日、家事、育児から解放される。

9 キャリー・チャップマン・キャット（Carrie Chapman Catt）は、1859年のこの日に生まれた。彼女は女性有権者同盟の創立者であり、また、スーザン・B・アントニー（Susan B. Anthony）と共にアメリカ人女性の参政権を獲得するのに最も大きな役割を果たした。

10 ココ（ガブリエル）シャネル（Coco [Gabriell] Chanel）は、1971年のこの日に死去。女性のためのスポーツウエアというコンセプトを生み出し、（きゅうくつな）コルセットや（ひらひらの）ペティコートを追放したフランスの服飾デザイナーであり、今なお、すべての香水の中のベストセラーであるシャネルNo.5を生み出した。

11 アリス・ポール（Alice Paul）は、1885年のこの日に生まれた。彼女は、男女平等権に関する米国憲法修正条項の草案執筆者であり、国際女性会議を設立した。

12 ハティ・ワイアット・キャラウェイ（Hattie Wyatt Caraway）は、1931年、夫の死後に彼の上院議員としての任期を完了するために指名を受けた。1932年のこの日、彼女はアメリカ初の女性上院議員に選ばれ、アーカンソー州出身の上院議員となった。

13 シャルロット・レイ（Charlotte Ray）は、1850年のこの日に生まれた。彼女は、アメリカにおける初のアフリカ系アメリ

1月の花
スノードロップ
（まつゆきそう）
誕生石
ガーネット

カ人の女性弁護士になった。

14 女優のフェイ・ダナウェイ（Faye Dunaway）は、1941年のこの日にフロリダ州で生まれた。彼女は初出演映画『ボニーとクライド』（Bonnie and Clyde）でアカデミー賞にノミネートされ、そして1976年に映画『ネットワーク』（Network）に出演しアカデミー賞を受賞した。

15 韓国の五穀の祭り。女性の多産を祝う。

16 1978年のこの日に、アメリカ初の女性宇宙飛行士が選ばれた。アンナ・フィッシャー（Anna Fisher）、シャノン・ルシッド（Shannon Lucid）、ジュディス・レスニック（Judith Resnick）、サリー・ライド（Sally Ride）、マーガレット・セドン（Margaret Seddon）、キャサリン・サリバン（Kathryn Sullivan）の6人である。

17 マーサ・コーテラ（Martha Cotera）は、メキシコ系アメリカ人の女性運動家であり、図書館司書であり、平等権のために闘った人で、1938年のこの日に生まれた。

18 北極に徒歩で到達した最初の女性は、ミネソタ州セントポールのアン・バンクロフト（Ann Bancroft）（30歳）だった。他7人の探検隊のメンバーと共に、彼女はカナダのワード・ハント・アイランドを出発した。彼らは55日間に1,000マイル進み、1986年のこの日に北極にたどり着いた。

19 1977年のこの日、東京ローズとして知られるアイバ・ダークィーノー（Iva D'Aquino）が、第二次世界大戦中の国家に対する反逆罪で服役中であったものを、アメリカ大統領ジェラルド・フォード（Gerald Ford）により赦免された。

20 ルース・セントデニス（Ruth St. Denis）は、1879年のこの日に生まれた。彼女はアメリカ人ダンサーで、「ラーダー」というヒンズー教の女神についての舞踊で有名な振りつけ師。夫のテッド・ショーン（Ted Shawn）と共同で、ニューヨークにデニショーンダンス学校および舞踊団を設立した。

21 1993年のこの日、ミネソタ大学に全米初の女性スポーツ選手を対象とした研究所が開設された。

22 ロウ対ウエイド（Roe v. Wade）事件判決の日。1973年のこの日、有名なロウ対ウエイド事件での米国最高裁の裁定により、アメリカの女性はプライバシーへの権利（妊娠中絶を受ける権利も含む）を勝ち取った。

23 米国初の女性博士、エリザベス・ブラックウェル（Elizabeth Blackwell）が、1849年のこの日、首席で卒業した。2万人もの人が見守る中で、ニューヨークのジュネーブ大学より学位を受けた。

24 プリマ・バレリーナのマリア・タルチェフ（Maria Tallchief）がオクラホマ州のインディアン保留地で生まれた。のちに夫のジョージ・バランチャイン（George Balanchine）と共に、ニューヨークシティ・バレエ団を設立した。

25 ネリー・ブライ（Nellie Bly）というペンネームを用いたエリザベス・コックレイン・シーマン（Elizabeth Cockrane Seaman）は、1890年のこの日、世界一周旅行を完了した。ニューヨーク在住のジャーナリストで、80日以内に世界一周旅行をするという挑戦を受けて立った。その世界記録は、72日6時間11分であった。

26 コンスタンス・M・K・アップルビー（Constance M. K. Applebee）は、1981年のこの日、107歳で死去。イングランド生まれの彼女は、1901年、アメリカにフィールドホッケーを紹介するのに寄与した。

27 アメリカインディアン、チェロキー族の学者、セクオヤー（Sequoyah）の12歳の娘、アー＝ヨカ（Ah-Yoka）は、チェロキー語を読めるようになった最初の人物である。

28 1986年のこの日、スペースシャトル、チャレンジャー号が空中で爆発した。これには二人の女性が乗り組んでいた。一人は宇宙飛行士のジュディス・レスニック（Judith Resnick）であり、もう一人は教師であり初めて宇宙に旅立つ民間人、クリスタ・マコーリフ（Christa McAuliffe）であった。

29 女優で、トーク番組の司会者でもあるオプラ・ウィンフリー（Oprah Winfrey）は、1954年のこの日に生まれた。

30 マーガレット・ドナヒュー（Margaret Donahue）は、1978年のこの日に死去。1950年にシカゴ・カブスの副社長となり野球界における女性初の役員となった。

31 アンナ・パブロバ（Anna Pavlova）は、1881年のこの日に生まれた。彼女は、『コッペリア』（*Coppelia*）、『ジゼル』（*Giselle*）そして『白鳥の湖』（*Swan Lake*）で有名なロシア人プリマ・バレリーナであった。『白鳥の湖』の中のひん死の白鳥のシーンは彼女のために作られた。

2月

1 1978年のこの日に、ハリエット・タブマン（Harriet Tubman）をたたえる切手が発行された。彼女は、アフリカ系アメリカ女性として初めて、自分の似顔絵がアメリカの郵便切手に使われた人となった。

2 クリスティ・ブリンクレー（Christie Brinkley）は、1953年のこの日に生まれた。

3 ガートルード・スタイン（Gertrude Stein）は、1874年のこの日に生まれた。アメリカ人小説作家であり、詩もドラマも創作した。"A rose is a rose is a rose." という言葉で良く知られている。これは「バラはバラで他の何ものでもない」。つまり本質は変わらないという意味。

4 女性解放運動の指導者であり作家でもあるベティ・フリイダン（Betty Friedan）が、1921年のこの日に生まれた。

5 マリアン・ムーア（Marianne Moore）は、1972年のこの日に死去。現代アメリカの代表的詩人であり、おとぎ話の翻訳や『オー、竜になるために』（O To Be Dragon）を含む詩集で有名。

6 地球の北半球における冬至の日。南半球では、夏は半分過ぎたころとなる。

7 ローラ・インガルス・ワイルダー（Laura Ingalls Wilder）は、1867年のこの日に生まれた。『大草原の小さな家シリーズ』（Little House books）として知られる自伝的小説の作者。

8 1587年のこの日、スコットランド女王メアリー・スチュアート（Mary Stuart）が44歳で打ち首にされた。従姉妹であるイングランド女王エリザベスⅠ世（Elizabeth I）の転覆を謀ったかどで有罪とされた。

9 エッセイスト、詩人、小説家であるアリス・ウォーカー（Alice Walker）は、1944年のこの日に生まれた。小説『カラー・パープル』（Color Purple）で1983年にピューリッツァ賞を受賞。

10 オペラのソプラノ歌手、レオンタイン・プライス（Leontyne Price）が、1927年のこの日に生まれた。

11 ジェーン・ヨーレン（Jane Yolen）が、1939年のこの日に生まれた。『フクロウ月』（Owl Moon）をはじめとする多くの児童向け書物の著者。

12 ジュディ・ブルーム（Judy Blume）は、1938年のこの日に生まれた。彼女はヤングアダルト向けの現実的な小説の作家として人気がある。主な作品は『イギーの家』（Iggy's House）、『二人一緒にいるかぎり』（Just As Long As We're Together）など。（『キャサリンの愛の日』（Forever）、『赤ちゃん、いりませんか？』（Superfudge）などの邦訳あり。）

2月の花
すみれ
誕生石
アメジスト

13 今日はちがう名前をつける日。もし自分の名前が嫌いだったり、それにうんざりしているのなら、今日だけは新しい名前を採用しよう。

14 アンナ・ハワード・ショウ（Anna Howard Shaw）は、1847年のこの日に生まれた。メソジスト派の教会で女性として初めて牧師に任命された。

15 スーザン・ブラウネル・アンソニー（Susan Brownell Anthony）は、1820年のこの日に生まれた。彼女は女性のため平等な選挙権、平等な賃金、婚姻の平等を求めて闘った。アメリカ人女性として初めて、スーザン・B・アンソニー1ドル硬貨として硬貨に姿を残した。

16 レオノラ・オレイリー（Leonora O'Reilly）は、1870年のこの日に生まれた。労働組合の指導者でNAACP（全米黒人地位向上協会）の創設者の一人。

17 PTA（父母と教師の会）は、1897年のこの日、フィーブ・ハースト（Phoebe Hearst）とアリス・マクレラン（Alice McLellan）により創立された。

18 イングランド女王メアリーI世（Mary I）は、1516年に生まれた。彼女は、国教をプロテスタントからカトリックに変えようとした。この事変のため300人以上が火あぶりの刑に処せられた。「血のメアリー」（Bloody Mary）として知られる。

19 作家カースン・マッカラーズ（Carson McCullers）は、1917年のこの日に生まれた。彼女は自作『結婚式のメンバー』（The Members of the Wedding）をドラマ化し、ブロードウエーでのロングラン・ヒット作にさせた。

20 アンジェリナ・グリムキ（Angelina Grimke）は、1805年に生まれた。彼女と妹サラ（Sarah）は男女混合の聴衆を相手に講演した最初のアメリカ女性に挙げられる。彼女らは奴隷制度と女性の権利のために闘った。

21 ユーモア作家、コラムニスト、小説家のエルマ・ボンベック（Erma Bombeck）は、1927年のこの日に生まれた。彼女の作品には、『人生が一皿のさくらんぼだとすれば、地獄で何をするつもり』（If Life is a Bowl of Cherries, What am I Doing in the Pits?）、『パスポート写真に似てきたら、そろそろ国へ帰りなさい』（When You Look Like Your Passport, It's Time to Go Home）などがある。（『われら郊外家族』（The Grass is Always Greener Over the Septic Tank）という邦訳がある。）

22 女優ドルー・バリモア（Drew Barrymore）は、1975年のこの日に生まれた。

23 ルース・ニコルズ（Ruth Nichols）は、1901年のこの日に生まれた。彼女は速度と高度で数々の記録を打ち立てた女流飛行士のパイオニアであった。1930年に女性として初めてアメリカ大陸横断飛行に成功し、その13時間21分の記録はチャールズ・リンドバーグ（Charles Lindbergh）よりも1時間早いものであった。

24
「のけ者であれ：
　　喜んでひとり歩きせよ
　　　（野暮ったく）」

アリス・ウォーカー（Alice Walker）の詩集、『革命的ペチュニア・その他』（*Revolutionary Petunias and Other Poems*）の中の「誰のお気に入りでもなく」（Be Nobody's Darling）より。

25 アデル・デイビス（Adele Davis）は、1905年のこの日に生まれた。彼女は健康のため、ビタミンを摂取し、自然食品を食べることを奨励する栄養関係の著作を書いた。彼女のモットーは「人はその食するものによって決まる。」（You are what you eat.）であった。

26 ブルージーンズの日。初めて製造されたのは100年以上も前である。これをはいて、作ったリーバイ・ストラウスの誕生日を祝おう。

27 エリザベス・テーラー（Elizabeth Taylor）は、1932年のこの日に生まれた。映画『緑園の天使』（*National Velvet*）の子役スターであり、数多くの映画に主演した。エイズと闘う会（The fight against AIDS）の有力スポークスマンでもある。

28 メアリー・リヨン（Mary Lyon）は、1797年のこの日に生まれた。マサチューセッツの名門女子大、マウント・ホウルヨーク女子大の創立者。

29 うるう年の1日。この日は4年に1回、太陽暦で出てくる余分の時間が合計されて作られた日である。

3月

1 ロビン・スミス（Robyn Smith）は賞金を獲得した女流騎手第一号。1973年、ニューヨーク州のアクアダクト競馬場でノースシー号に騎乗し勝利を収めた。

2 1878年のこの日、ニューヨーク市に初の女性専用ホテル、バービソン（the Barbizon）がオープンした。

3 日本の雛祭り（Girls' Doll Day）の日。雛祭りは国をあげての祭りであり、女性は先祖代々伝えられてきた雛人形を取り出す。人形は日本の天皇、皇后の姿をしている。少女たちはこうした人形を通して自分の国の歴史や文化について学ぶ。

4 1934年のこの日、動物学者ジェーン・グドール（Jane Goodall）が生まれた。1960年代、70年代に、アフリカのタンガニイカ湖の岸辺で、チンパンジーの間で暮らし、その研究をしつつ、ライフワークに取り組んだ。1971年、チンパンジーについての有名な作品、『人類のすぐ近くで』（In the Shadow of Man）を出版した。

5 ルイーズ・ピアス（Louise Pearce）が、1791年のこの日に生まれた。科学者で、熱帯アフリカの睡眠病を抑制する薬品を開発した。

6 アンナ・クレイプール・ピール（Anna Claypoole Peale）は、1791年のこの日に生まれた。アメリカの画家の家に生まれ、アメリカ初の女性プロ肖像画家とされている。

7 1870年、ワイオミング州で、米国史上初めて女性が大陪審のメンバーになることを認められた。

8 国際女性の日。世界中の勤労女性を称える日。1910年に初めて宣言されたが、1857年、ニューヨーク市における女性服飾労働者による抗議を記念する日である。

9 今日は全国的なパニックの日。誰しもが今日だけはあわてふためいてもいい。

10 ハリエット・タブマン（Harriet Tubman）の日。彼女は反奴隷制地下組織（the Underground Railroad）を結成し、そのおかげで300人以上もの奴隷が北部諸州での自由な境遇に到達できた。彼女は南北戦争中は看護婦、スパイ、斥候等の役目を果たした。後に女性の権利や年輩者のために働いた。1913年のこの日に死去。

11 児童書の著者ワンダ・ギャグ（Wanda Gag）は、1893年のこの日に生まれた。代表作は『無数のネコたち』（Millions of Cat）である。

12 ガールスカウトの日。アメリカのガールスカウトは、1912年、ジュリエット・ゴードン・ロー（Juliette Gordon Low）によって設立された。最初のスカウトはマーガレット（デイジー）ゴードン（Margaret〔Daisy〕Gordon）で、彼女の姪であった。

3月の花
すいせん
誕生石
アクアマリン

13 アビゲール・パワーズ・フィルモア（Abigail Powers Fillmore）は、1793年のこの日に生まれた。ファーストレディー（第13代米国大統領ミラード・フィルモア（Millard fillmore）の妻）として、ホワイトハウス図書館を設立した。

14 ルーシー・ホップス・テイラー（Lucy Hobbs Taylor）は、1833年のこの日に生まれた。アメリカ初の女性歯科医（1866年）。夫に歯科医学を指導し、夫もまた歯科医となった。

15 マーガレット・ウェブスター（Margaret Webster）は、1905年のこの日に生まれた。ニューヨーク市のメトロポリタン・オペラハウス初の女性舞台監督。

16 サラ・コールドウェル（Sarah Coldwell）は、1924年のこの日に生まれた。オペラのプロデューサー兼監督であった彼女は、女性として初めてメトロポリタン・オペラハウスで指導にあたった。

17 聖パトリックの日。聖パトリックはアイルランドの守護聖人。著名なアイルランド出身女性には、バーナデット・デブリン（Bernadatte Devlin）、シニード・オコーナー（Sinead O'Connor）、エドナ・オブライエン（Edna O'Brien）がいる。

18 1926年のこの日、トルコ共和国では、初めて女性が弁護士として開業することを許可された。

19 「真の〔女性の〕解放は投票所や法廷で始まるのではない。それは女性の魂の中から始まるのだ」─エマ・ゴールドマン（Emma Goldman）、女権拡張論者、革命家。

20 ハリエット・ビーチャー・ストウ（Harriet Beecher Stowe）の日。1852年のこの日、彼女の名高い『アンクル・トムの小屋』（Uncle Tom's Cabin）が出版された。その奴隷制度の残酷さについての描写がアメリカ人の心を目覚めさせたのだ。

21 国際占星術の日。あなたの星座は何？

22 1892年、最初の女子大対抗バスケットボール試合がスミス大学で行われた。主催者はバスケットボールの母として知られているセンダ・ベレンソン（Senda Berenson）であった。

23 メルバ・トースト（カリカリに焼いた薄いトースト）の日。1901年のこの日、オーストラリアのオペラ歌手ネリー・メルバ（Nellie Melba）夫人によってメルバ・トーストは作られ、その名がつけられた。

24 イギリスの女王エリザベスⅠ世（Elizabeth Ⅰ）が、1603年のこの日逝去。これにより、イギリスに大きな繁栄をもたらし、黄金時代、またはエリザベス朝時代と呼ばれた、彼女の45年にわたる統治は終わりを告げた。

25 1942年、"ソウルミュージックの女王"と呼ばれる歌手、アレサ・フランクリン（Aretha Franklin）が生まれた。

26 1930年、サンドラ・デイ・オコナー（Sandra Day O'Connor）が生まれた。女性初の最高裁判事だった。

27 パティ・ヒル（Patti Hill）お誕生日おめでとう！ 彼女は、1868年のこの日に生まれ、"ハッピー・バースデイ・トゥー・ユー"（Happy Birthday to You）の歌の歌詞を作ったことで有名。

28 米国東部の7女子大とは：バーナード（Barnard）、マウント・ホウルヨーク（Mount Holyoke）、ラドクリフ（Radcliffe）、スミス（Smith）、バサー（Vassar）、ブリン・モウアー（Bryn Mawr）、そしてウェルスリー（Wellesley）である。

29 1994年のこの日、11歳のアンナ・パキン（Anna Paquin）が映画『ピアノレッスン』（The Piano）における演技を評価されて、アカデミー助演女優賞を受けた。これは、彼女が初めて出演した作品だった。

30 1886年、盲導犬協会の設立者、ドロシー・ユースティス（Dorothy Eustis）が生まれた。

31 1776年のこの日に書かれた手紙の中で、アビゲル・アダムス（Abigail Adams）は大陸会議のメンバーである夫ジョン（John）に「女性のこともお忘れなく。そしてあなたの先祖たちよりも寛大で好意的であってください。」と頼んだ。

4月

1 エイプリル・フール

2 国際児童図書の日。この日は、世界中の若者が文学を通じて理解しあえるように制定された。

3 1993年のこの日、66年続いたガールスカウトの幼年団員のユニフォームが画期的に最新の形に変えられた。かつては全身茶色だった服が、花柄のベストと、パステルカラーの上着、そしてキュロットスカートに変わり、ガールスカウトの事務局は、「すべての子が茶色を好きなわけではないから」という声明を発表した。

4 1802年のこの日、ドロシー・リンデ・ディックス（Dorothea Lynde Dix）が生まれた。彼女は精神病に対する人道的対応の改革運動に従事した。

5 1761年のこの日、シビル・ルディントン（Sybil Luddington）が生まれた。彼女は独立戦争の英雄で、16歳の時、アメリカへの援軍を得るために、夜間に40マイルも移動した。

6 家事をしない日。エリザベス・ゴールド・デイビス（Elizabeth Gould Davis）は著書『最初の女性』（*The First Sex*）（1971年）の中でこう言っている。今日のアメリカにおいて、最も不経済な「頭脳流出」とは、台所の流し台で流されているものである。

7 1987年のこの日、ワシントンに国立女性芸術美術館がオープンした。

8 1893年、メアリー・ピックフォード（Mary Pickford）が生まれた。彼女は、アメリカ芸術協会の設立に貢献し、アカデミー賞を受賞した女優である。

9 女性初のアフリカ系アメリカ人の交響曲作曲家、フローレンス・プライス（Florence Price）が、1888年に生まれた。

10 1880年のこの日、フランセス・パーキンス（Frances Perkins）は生まれた。フランクリン・ルーズベルト（Franklin D. Roosevelt）大統領が彼女を労務長官に指名したことにより、彼女は大統領顧問委員会のメンバーに任命された最初の女性となった。

11 1953年のこの日、オベタ・カルプ・ホビー（Oveta Culp Hobby）は、厚生・文部長官として勤務する最初の女性となった。彼女はまた米国陸軍婦人補助部隊の初代指揮官であり、アメリカ軍の殊勲勲章を受けた最初の女性だった。

12 1916年、ビバリー・クリアリー（Beverly Cleary）が生まれた。彼女はラモナ・クインビー（Ramona Quimby）とヘンリー・ハギンス（Henry Huggins）に関するシリーズ本で最もよく知られている。

4月の花
スイトピー
誕生石
ダイアモンド

カレンダー　31

13 1866年、アン・サリバン（Anne Sullivan）が生まれた。彼女は目と耳が不自由なヘレン・ケラー（Helen Keller）の先生として有名になった。映画『奇跡の人』（*The Miracle Worker*）では、二人の一生が描かれている。

14 ロレッタ・リン（Loretta Lynn）は、1935年のこの日に生まれた。彼女はカントリー・ミュージック歌手で、作詞（作曲）家である。

15 ブルースとジャズの歌手であるベッシー・スミス（Bessie Smith）は、1894年のこの日に生まれた。彼女は当時、レコード、実演両面で最も成功した黒人歌手だった。「ブルースの女帝」として知られている。

16 1850年のこの日、マリー・グレショルツ・タッソー（Marie Gresholtz Tussaud）が死去。彼女はスイスのろう人形の製作者で、17歳の時にはすでにかなり熟練した製作者だった。彼女の作った歴史上の人々の像は、イギリスのロンドンにある、マダム・タッソーろう人形館で見ることができる。

17 シリマボ・バンダラナイケ（Sirimavo Bandaranaike）は、1916年のこの日、セイロンに生まれた。彼女は、1960年に、女性として世界で初めて首相（スリランカ、旧セイロン）になった。

18 ルイーザ・メイ・オルコット（Louisa May Alcott）が、1832年に生まれた日。その『若草物語』（*Little Women*）の中でジョーが言う。「私たちの髪は日で焼けているし、寝巻は古ぼけているし、手袋は一人につき片方しかないし、うっかりはいたら足首を捻挫しそうな固いスリッパしかないけど、私たちは他の若くて綺麗な女の子たちと比べたら、ずっと楽しく暮らしていると思うわ。」

19 そっくりさんの日。この日に、有名人のそっくりさんが認知される。

20 1898年のこの日、マリー・キュリー（Marie Curie）と彼女の夫は、ラジウムを発見した。

21 シャーロット・ブロンテ（Charlotte Bronte）は、1816年のこの日に生まれた。その最も有名な小説は『ジェーン・エア』（*Jane Eyre*）である。「『ジェーン・エア』は、青春期から成人までを描く古典的な主人公に初めて女性をあてはめた作品の一つである」とグロリア・スタイネン（Gloria Steinem）は書いている。

22 地球の日。母なる地球を称える特別の日である。

23 Libra Dia、つまりスペイン語で本の日という意味である。この日、スペイン人は、アメリカ人がバレンタインの贈り物を交換しあうのと同じように、自分の好きな本を交換しあう。

24 1947年のこの日、アメリカの小説家ウィラ・キャザー（Willa Cather）が死去。彼女は『我々のうちの一人』（One of Ours）という小説でピューリッツァ賞を受賞した最初の女性である。その小説は、彼女の若い頃のネブラスカでの生活を扱っている。

25 1918年のこの日、エラ・フィッツジェラルド（Ella Fitzgerald）が生まれた。彼女は、独特の即興的な歌い方で有名で、ブルースやカリプソ（西インド諸島の民謡）、ディキシーランド（米国ニューオリンズ市で始まったジャズ）を歌うことでも国際的に有名である。

26 1893年のこの日、アニタ・ルース（Anita Loos）が生まれた。彼女は、小説『紳士は金髪がお好き』（*Gentlemen Prefer Blondes*）で有名で、この小説はドラマ化され、ブロードウェイでミュージカル化され、映画化もされた。

27 娘を職場に連れて行く日。この日は少女の考えと夢を大切にする日であり、ミズ（Ms.）基金によって主催される。

28 イギリスの作家メアリー・ウォルストンクラフト（Mary Wollstonecraft）は、1759年の4月に生まれた。彼女の『女性の権利の証明』（*Vindication of the Right of Women*）は、女性は男性と同じように人間であり、平等に扱われるべきであると、初めて主張した本である。

29 1925年のこの日、フローレンス・サビン（Florence Sabin）は女性として初めて国立科学院の会員に選ばれた。彼女はまた、ジョーン・ホプキンズ医科大学を卒業した最初の女性である。彼女は血球の起源について研究した。

30 サラ・ジョセフィン・ヘイル（Sarah Josephine Hale）は、1879年のこの日死去。「メアリーの子羊」（Mary Had a Little Lamb）を書いた。

5月の花
ドイツスズラン
誕生石
エメラルド

5月

1 マザー・ジョーンズ（Mother Jones）として知られるメアリー・ハリス・ジョーンズ（Mary Harris Jones）は、1830年のこの日に生まれた。彼女は、より良い労働環境と高い賃金をめざすストライキのために炭坑夫を組織化した。彼女は70歳の時に、労働者たちの代わりに投獄された。

2 1970年のこの日、ダイアン・クランプ（Diane Crump）は、最初の女性騎手としてケンタッキー・ダービーに出場した。

3 1899年のこの日、女性法律家の利益を促進するための最初の全国的な女性団体が設立された。この女性法律家協会の初代会長は、特許権を専門に扱う法律家のエディス・グリスウォルド（Edith Griswold）だった。

4 アメリカの女優であり、児童擁護者でもあるオードリー・ヘップバーン（Audrey Hepburn）は、1929年のこの日に生まれた。彼女は『ジジ』（Gigi）という作品でブロードウェイにデビューし、最初の映画『ローマの休日』（Roman Holiday）でアカデミー賞を受賞した。

5 「シンコ・デ・マジョ・デイ」（1862年メキシコがフランスから勝利を得た日）。メキシコの国民的祝日。有名なメキシコ女性として、フリダ・カーロ（Frida Kahlo）、ローラ・エスキベル（Laura Esquivel）、そしてファン・イネス・デ・ラ・クルス（Juana Ines de la Cruz）がいる。

6 1978年のこの日、女性ミュージシャンによる最初のジャズ・フェスティバルがカンザス市で行われた。その参加者の中には、マリアン・マックパートランド（Marian McPartland）やベティー・カーター（Betty Carter）、そして秋吉敏子らがいた。

7 1789年のこの日、ニューヨーク市でマーサ・ワシントン（Martha Washington）は初めての試みとして大統領就任祝賀舞踏会を主催した。

8 靴下をはかない日。そうすれば洗濯物も少なくてすむし、靴下のもう片方を探す面倒もない。しかも足は窮屈さから解放される！

9 キャンディス・バーゲン（Candice Bergen）は、1946年のこの日に生まれた。彼女はテレビのマーフィー・ブラウン（Murphy Brown）の役柄で有名な女優である。

10 エラ・グラッソ（Ella Grasso）は、1919年のこの日に生まれた。彼女は、アメリカで選挙により知事に選ばれた最初の女性だった。1974年の知事選で圧倒的に勝利し、コネチカット州の知事となった。

11 マーサ・グラハム（Martha Graham）は、1894年のこの日に生まれた。彼女はモダンダンスを開拓したダンサーであり、

振付師だった。

12 イギリス人の看護婦フローレンス・ナイチンゲール（Florence Nightingale）は、1820年のこの日、イタリアのフローレンスで生まれた。彼女はクリミア戦争（1854年）の時、負傷した兵士でいっぱいの病院を、夜、ランプを持って見回ったことから、ランプを持つ女性と呼ばれた。その明かりは今日、病気の人のための世話と女性が自立する自由のシンボルとなっている。

13 マリア・テレジア（Maria Theresa）は、1717年のこの日に生まれた。彼女は23歳の時、オーストリア女王となった。彼女は賢くて有能な統治者で、オーストリア・ハンガリー帝国を統一した。16人の子供の中には、フランス王妃マリー・アントワネット（Marie Antoinette）がいる。

14 オハイオ州にあるアンティオック大学は、1852年のこの日、アメリカで最初の共学の大学になった。

15 1851年のこの日、ジョージア州のメコンにあるウェスリアン大学の16人の女子学生によって、最初の女子学生クラブが設立された。このクラブは最初はアデルフィアンス（Adelphians）と名づけられたが、結局アルファ・デルタ・パイ（Alpha Delta Pi）と呼ばれるようになった。

16 ポピュラー音楽の歌手ジャネット・ジャクソン（Janet Jackson）は、1966年のこの日に生まれた。そのレコーディングの中には『コントロール』（Control）や『愛の行方』（That's the Way Love Goes）がある。

17 1978年のこの日、ザンビアのカウンダ（Kaunda）大統領の歓迎祝賀会の時に、ホワイト・ハウスの女性儀仗兵がデビューした。その時のアメリカ大統領は、ジミー・カーター（Jimmy Carter）であった。

18 1953年のこの日、ジャクリーン・コックラン（Jacqueline Cochran）は、カリフォルニアのローガーズ・ドライ湖の上空をF-86型機で時速1,050キロメートルのスピードで飛行し、音速の障壁（航空機などの速度が音速に近づいた時の空気抵抗）に打ち勝った。彼女はその時、46歳だった。それから11年後、彼女は時速2,300キロメートルのスピード、つまり、音速の2倍以上の速さで飛行した。

19 インディラ・ガンジー（Indira Ghandi）は、1966年、インドで初めて女性として首相に選ばれた。彼女は民主主義国を統治した史上初の女性だったが、二人の護衛官によって暗殺された。

20 アメリア・アハート（Amelia Earhart）は、1932年のこの日、女性として初めて大西洋横断の単独飛行を試みた。彼女はニューファンドランドからアイルランドまでの14時間56分の飛行のために、トマトジュース1缶と、魔法びんに入ったスープを持参した。

フローレンス・ナイチンゲール

21 アメリカの赤十字はクララ・バートン（Clara Barton）によって1881年のこの日、設立された。彼女は戦時の救援はもとより、平時の天災の救済に対応できる赤十字の創設のために、10年間働きかけをした。

22 アメリカ人の画家メアリー・カサット（Mary Cassatt）は、1884年のこの日に生まれた。19歳の時、彼女は父親に画家になりたいと話した。父親の答えは「いっそお前が死ぬのを見るほうがましだ」というものだった。彼女の作品の中で最も人々に愛されている作品は『母と子』（*Mother and Child*）である。

23 1910年のこの日、マーガレット・ワイズ・ブラウン（Margaret Wise Brown）が生まれた。その著作『グッドナイト・ムーン』（*Goodnight Moon*）は有名で、多くの人に愛されている。

24 アメリカの内科医ヘレン・タウジグ（Helen Taussig）は、1898年のこの日に生まれた。彼女は、子供の心臓病を専門とし、青色児（先天的心臓奇形による）の救命手術を発展させた。

25 国際的タップダンスの日。最も有名なタップ・ダンサーの一人に、ルビー・キーラー（Ruby Keeler）がいる。彼女は数々のミュージカルで踊った後、60歳にして、『ノーノーナネット』（*No No Nanette*）で踊るためにブロードウェーに復帰した。

26 宇宙飛行士サリー・ライド（Sally Ride）は、1951年のこの日に生まれた。彼女は宇宙へ旅立った最初のアメリカ人女性である。

27 アメリカの詩人、ジュリア・ウォード・ハウ（Julia Ward Howe）は、1819年のこの日に生まれた。彼女は「私の目は、主のご来光を見たことがある」という言葉で始まる『共和国の戦闘賛歌』（*Battle Hymn of the Republic*）を書いた。

28 ディオーン（Dionne）家の5つ子が、1934年のこの日、カナダで生まれた。この5人の少女は、大人になるまで生きた最初の5つ子だった。彼女たちの名は、マリー（Marie）、エミリー（Emilie）、イボンヌ（Yvonne）、アンネット（Annette）、そしてセシル（Cecile）である。

29 1921年のこの日、アメリカの小説家エディス・ウォートン（Edith Wharton）は、小説の分野でピューリッツァ賞を受賞した最初の女性となった。受賞の対象は、小説『エイジ・オブ・イノセンス——汚れなき情事』（*The Age of Innocence*）であった。

30 この日は、ジャンヌ・ダルク（Joan of Arc）の祝祭日としてフランスで祝われている。ジャンヌ・ダルクはフランス軍の先頭に立って、1429年のイギリス軍の侵攻を防いだ。しかし、1431年に捕らえられ、火あぶりの刑に処された。

31 女優のブルック・シールズ（Brooke Shields）は、1965年のこの日に生まれた。

6月

1 マリリン・モンロー（Marilyn Monroe）は、1926年のこの日に生まれた。本名はノーマ・ジーン・ベーカー（Norma Jean Baker）。主演映画には『お熱いのがお好き』（*Some Like It Hot*）、『バス停』（*Bus Stop*）などがある。

2 マーサ・カスティス・ワシントン（Martha Custis Washington）は、1731年のこの日に生まれた。彼女はアメリカで最初のファースト・レディー、つまり大統領夫人であった。

3 アメリカで最初の女性ラビ（ユダヤ教の指導者）、サリー・ジェーン・プリサンド（Sally Jane Prisand）は、1972年のこの日、ラビに任命された。

4 キャサリン・マッカラック（Catharine McCulloch）は、1862年のこの日に生まれた。1898年に、彼女は女性で最初の最高裁判事となった。

5 国際母親平和日。この日は、1872年にジュリア・ウォード・ハウ（Julia Ward Howe）によって制定された。彼女は「地上で生命を育む女性たちは心をひとつにして、それを破壊しようとする人々に反対している」と語った。

6 1872年のこの日、スーザン・B・アンソニー（Susan B. Anthony）は、選挙で投票した罪で逮捕され、罰金刑を課された。（当時、アメリカでは、女性はまだ投票権を得ていなかった。）

7 グウェンドリン・ブルックス（Gwendolyn Brooks）は、1917年のこの日に生まれた。彼女は女性として初めて詩の分野でピューリッツァ賞を受賞したアフリカ系アメリカ人である。受賞対象は、1950年に出版した2巻の詩集『アニー・アレン』（*Annie Allen*）。彼女の最も有名な詩の一つに『我ら冷静そのもの』（*We Real Cool*）がある。

8 アメリカン・ヒロインの日。この日はすべての勇敢な女性に対して敬意を表する日である。

9 6月は伝統的に結婚の月であり、それはローマ時代初期から続いている。

10 マサチューセッツ州セイラムのブリジット・ビショップ（Bridget Bishop）は、1692年のこの日、魔女狩りで絞首刑にかけられた最初のセイラムの「魔女」であった。

11 ジャネット・ランキン（Jeanette Rankin）は、1880年のこの日に生まれた。彼女は国会議員に選ばれた最初の女性で、女性の投票権のために闘った。また熱心な平和主義者で、87歳の時、ベトナム戦争反対行動（ジャネット・ランキン隊）を指導した。

12 アンネ・フランク（Anne Frank）の誕生日。1929年生まれ。第二次世界大戦中、アムステルダムでナチスの目を逃れて書い

6月の花
バラ
誕生石
パール

カレンダー　37

た日記の作者として記憶されている。

13 子供の日。世界中の子供を祝福する日。

14 テニスの女王、シュテフィ・グラフ（Steffi Graf）が、1969年のこの日、ドイツで生まれた。1988年に、全豪、全仏、全英、全米で優勝し、グランドスラムを達成。13歳でプロテニスプレーヤーになっている。

15 笑顔いっぱいの日（スマイルパワーデイ）。

16 メアリー・ゴダード（Mary Goddard）が、1738年のこの日に生まれた。3つの植民地時代の新聞の発行人であり、署名者の名前とともにアメリカ独立宣言を最初に印刷した人物であり、アメリカで初の女性郵便局長として勤務した。

17 インディアンのオマハ族初の医者、スーザン・ラ・フレスショ・ピッコテ（Susan La Flesche Picotte）が、1865年のこの日に生まれた。

18 アメリカの女性宇宙飛行士の日。1983年のこの日、サリー・ライド（Sally Ride）がスペースシャトル「チャレンジャー号」で、6日間の宇宙への飛行任務を開始。

19 1984年、ニューヨーク市クイーンズ出身の女性国会議員、ジェラルディーン・フェラロ（Geraldine Ferraro）が、女性として初めて副大統領候補に有力政党から指名された日。

20 1837年、ビクトリア（Victoria）が英国女王に就く。64年間統治し、イギリス史のビクトリア朝時代は、彼女の名からつけられている。

21 夏至の日。夏の初めの日。北半球では1年で最も昼の長い日。

22 アメリカの作家アンネ・モロー・リンドバーグ（Anne Morrow Lindbergh）が、1906年のこの日に生まれた。著書『海からの贈りもの』（*A Gift from the Sea*）と、飛行士としての離れ業で知られる。彼女は「主婦と母親業は唯一の休暇のとれない仕事だ。」と言った。

23 ウィルマ・ルドルフ（Wilma Rudolph）が、1940年のこの日に生まれた。重い身体障害を乗り越え、ランナーのチャンピオンになる。1960年には女性として初めて、1つのオリンピックで3つの金メダルを受賞。

24 1647年のこの日、マーガレット・ブレント（Margaret Brent）が、女性の発言権と投票権の要求をするために、メリーランド州議会へ出頭した。メリーランドで女性として初めて自らの財産を獲得、アメリカ史上、最初の婦人参政権論者の一人として知られる。

25 ローズ・セシル・オニール（Rose Cecil O'Neill）が、1874年のこの日に生まれた。キューピーちゃんの人形をデザインしたニューヨークの作家兼イラストレーター。その売上げは150万ドルにも及んだ。

26 アメリカ人作家、パール・バック（Pearl Buck）が、1892年のこの日に生まれた。幼少時代は、布教をする両親と共に中国で過ごした。少女時代に書いた本は、100冊以上。1931年には『大地』（*The Good Earth*）でピューリッツァ賞に輝く。女性初のノーベル文学賞受賞者（1935）。

27 エンマ・ゴールドマン（Emma Goldman）が、1869年のこの日ロシアで生まれた。無政府主義者（アナーキスト）であり、アメリカに移住し、女性の権利、受胎調節の講義を無料で行った。その時代において、最も妥協をしない勇敢で革命的な人であった。

28 幼少から目と耳が不自由なヘレン・ケラー（Helen Keller）が、1904年のこの日、優秀な成績でラドクリフ大学を卒業した。

29 エリザベス・ドール（Elizabeth Dole）が、1936年のこの日に生まれた。レーガン政権、ブッシュ政権両方の閣僚に選ばれた。1991年に政府の仕事を退職したのち、アメリカ赤十字社の社長となった。

30 1936年、マーガレット・ミッチェル（Margaret Mitchel）がベストセラー小説『風と共に去りぬ』（*Gone with the Wind*）を出版した日。南北戦争中の南部を舞台としたこのストーリーは発売初日に5万部が売れた。

カレンダー　39

7月

7月の花 スイレン
誕生石 ルビー

1 ナンシー・リーバーマン（Nancy Lieberman）が、1958年のこの日に生まれた。彼女は男子プロバスケットボールの試合でプレイした初めての女性であった。

2 1979年に、女性を描いたアメリカのコインが初めて登場。女性の権利を主張した、スーザン・B・アンソニー（Susan B. Anthony）が1ドルコインに選ばれた。しかし残念なことに、コインの大きさが25セントコインに似すぎていたため、広く流通しなかった。

3 土用（dog days）つまり、北半球で1年のうち最も暑い日々の始まり。昔の人は、暑い気候の原因と信じられていた天狼星、つまりシリウスをなだめるために、茶色の犬を生け贄としてこの日に捧げた。

4 リザ・レッドフィールド（Liza Redfield）が、1960年のこの日、ブロードウェーのオーケストラの指揮者に女性として初めて就任した。『ミュージック・マン』（The Music Man）を24人編成のオーケストラで指揮した。

5 ジュアニタ・クレプス（Juanita Kreps）が、1972年ニューヨーク株式取引所で女性として初めて理事となった。のちに女性初の商務長官に任命される。

6 元大統領夫人であるナンシー・デービス・レーガン（Nancy Davis Reagan）が、1923年のこの日に生まれた。違法なドラッグへの全国的反対運動のスローガン「NOと言え」（Just Say No）を広めた。

7 1865年のこの日、メアリー・スラット（Mary Surratt）が絞首刑になった。息子と、ジョン・ウィルクス・ブース（John Wilkes Booth）がよく会っていた。彼女は下宿屋を持っていたが、のちにここで、ジョン・ウィルクス・ブースはアブラハム・リンカーン（Abraham Lincoln）大統領を暗殺。スラットは「卵を孵化させる巣を保持していたため」リンカーン暗殺の共謀者として絞首台へ送られた。

8 1911年のこの日、ナン・ジェーン・アスピンウォール（Nan Jane Aspinwall）が、たったひとりで馬によるアメリカ大陸横断7,240キロメートルを達成し、ニューヨークに到着した。

9 1926年のこの日、マチルダ・クリム（Mathilde Krim）がイタリアで生まれる。彼女は遺伝学者、博愛主義者として世界的に有名になった。

10 メアリー・マクラウ・ビートン（Mary McLead Bethune）が、1875年のこの日に生まれた。生まれたのは南カリフォルニアの農園で、一日中、綿摘みをし、その時期の合間に学校へ通った。ビートン＝クックマン・カレッジという女子校を創設した。

11 アメリカの小説家、スーザン・ウォーナー（Susan Warner）が、1819年のこの日に生まれた。アメリカで初めて100万部売れた小説家。その書名は『広い広い世界』（The Wide, Wide World）。

12 1871年のこの日、アン・ムーア（Anne Moore）が生まれた。図書館で、本を読み聞かせる時間を設けて評判であったアメリカの司書。

13 1918年のこの日、マルシア・ブラウン（Marcia Brown）が生まれた。子供向けの本を手がけたアメリカ人のイラストレーター。カルデコットメダル（児童文学賞）を3度受賞した初めての人。受賞作は『シンデレラ』（Cinderella or The Little Glass Slipper）、『かつてははつかねずみ』（Once a Mouse）、『影』（Shadow）である。

14 1927年のこの日、アメリカ人の作家、ペギー・パリッシュ（Peggy Parish）が生まれた。アメリア・ベデリア（Amelia Bedelia）のシリーズ本が人気がある。

15 フランシス・ザビアー・カブリーナ（Frances Xavier Cabrina）が、1850年、イタリアで生まれる。1889年アメリカへ移住し、貧しい移民のための系列病院網を設立。1946年に聖人の列に加えられた。

16 メアリー・ベーカー・エッディ（Mary Baker Eddy）が、1821年のこの日に生まれた。クリスチャン・サイエンス運動を創設した宗教指導者。日刊新聞、クリスチャン・サイエンス・モニター（the Christian Science Monitor）を発行した。（クリスチャン・サイエンスは、精神的、霊的治療を施す宗教団体）

17 ベレニース・アボット（Berenice Abbott）が、1898年のこの日に生まれた。アメリカの写真界の先駆者。ニューヨークの街の白黒写真で有名。

18 1935年のこの日、テンリー・オルブライト（Tenley Albright）が生まれた。11歳で小児マヒにかかるが、病気を克服、オリンピックのフィギュアスケートで金メダルを獲得する。医師になるためにハーバード大学へ進み、外科医となった。

19 1848年のこの日、ニューヨーク州のセネカフォールズにおいて、初めてアメリカの女性の権利大会が開かれた。女性の宣言の中には次のようなものがある。「我々は、全ての男性と女性が平等に創られているという、この真理を自明のものとみなす」

20 1890年のこの日、シーダ・ベアラ（Theda Bara）が生まれた。初めてアイメイクをしてスクリーンに登場した女優。そのメイクはデザイナーのヘレナ・ルビンスタイン（Helena Rubinstein）によって彼女のために創り出された。

21 ルイーズ・ビートゥン（Louise Bethune）が、1856年のこの日生まれた。アメリカ人女性としては初の建築家。多くの学

カレンダー　41

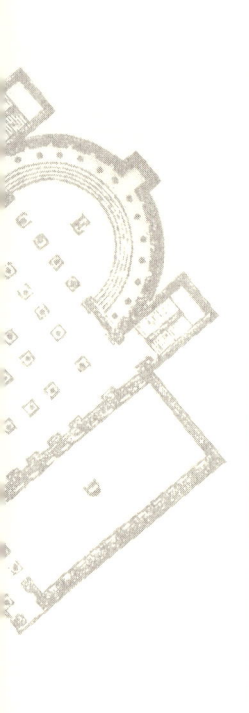

校、工場、住宅団地をデザインした。ニューヨークのバッファローにある、ラファイエット・ホテルも彼女のデザインしたものの一つ。

22 1849年のこの日、エマ・ラザラス（Emma Lazarus）が生まれた。自由の女神に彫られている詩『新しい巨像』（The New Colossus）を書く。そこには、貧しい人、虐げられた人の安息の場としてのアメリカへの信念が表現されている。

23 ハリエット・ストロング（Harriet Strong）が、1844年のこの日生まれた。農学者でもあり、貯水池ダムの特許を取った発明者でもあった。

24 アメリア・イヤーハート（Amelia Earhart）が、1897年のこの日に生まれた。アメリカの飛行家として有名。

25 初の試験管ベビー、ルイーズ・ブラウン（Louise Brown）が、1978年のこの日、イギリスのオールドハムで生まれた。生まれたときの体重は5ポンド12オンス（2,610グラム）。

26 ドナルディナ・キャメロン（Donaldina Cameron）が、1869年のこの日生まれた。サンフランシスコで伝導区の監督として働き、2千人以上もの中国人女性や少女を奴隷のような境遇から救った。

27 アメリカのフィギュア・スケーター、ペギー・フレミング（Peggy Fleming）が、1948年のこの日に生まれた。16歳の時、全米選手権で最年少優勝を果たす。世界大会でも優勝、1968年の冬季オリンピックでも金メダルを受賞した。

28 ベアトリックス・ポター（Beatrix Potter）が、1866年のこの日生まれた。ピーターラビット物語を創ったイギリスの作家であり、イラストレーター。

29 1981年のこの日、ダイアナ・スペンサー（Lady Diana Spencer）が英国王位の後継者、チャールズ（Charles）皇太子と結婚した。

30 法律学教授、アニータ・ヒル（Anita Hill）が、1956年のこの日に生まれた。1991年には、女性のセクシュアル・ハラスメントに関して全国的に信念を表明した。

31 1988年のこの日、アメリカ最後の「プレイボーイクラブ」が閉店。

8月

1 マリア・ミッチェル（Maria Mitchell）が、1818年のこの日に生まれた。アメリカ最初の天文学者。1847年、のちにミス・ミッチェル彗星と名づけられた彗星を発見した。女性初の米国芸術・科学アカデミーの会員に選ばれた。

2 1960年のこの日に、アメリカのフィギュアスケーター、リンダ・フラシアン（Linda Fratianne）が生まれた。

3 1906年のこの日、マギー・クーン（Maggie Kuhn）が生まれた。年配の人の権利を求める活動家。年を重ねることに対する前向きな姿勢を進めるためのグループ、グレイ・パンサー（the Grey Panthers）の設立者。

4 1944年のこの日、ナチスがアンネ・フランク（Anne Frank）の家族の隠れ家をアムステルダムで発見。のちに家に戻って、アンネの日記を見つけた父親を残し、フランク一家は強制収容所で命を落とす。

5 1880年、ルース・ソーヤー（Ruth Sawyer）がこの日に生まれる。児童文学作家であり、作品『ローラースケート』（*Rollerskaters*）は、1938年、ニューベリー賞（米国の児童文学賞）を受賞。キューバで幼稚園を設立し、ニューヨークでは児童図書館のお話し役として働く。

6 1926年のこの日、アメリカ人のガートルード・エイダリー（Gertrude Ederle）が、女性として初めてイギリス海峡を泳いで横断。20歳で、フランスのグリネ岬からイギリスのドーバーまでを14時間13分で泳ぎ、男子の記録をも破った。

7 1876年のこの日、マタ・ハリ（Mata Hari）が生まれた。本名マルガリータ・ゼル（Margaretha Zelle）。ベリー・ダンス（中近東の踊り）のダンサーであった時、「夜明けの瞳」の意味をもつマタ・ハリの名を得た。第一次世界大戦中、フランスとドイツの両方のためにスパイをした二重スパイとして、逮捕、死刑を宣告された。

8 プリンセス・オブ・ヨーク、ビーアトリス（Beatrice）が、1988年のこの日、ロンドンで生まれた。母親は、ヨーク公夫人、サラ・ファーガスン（Sarah Ferguson）、父親は、アンドリュー（Andrew）王子、祖母はエリザベス女王（Queen Elizabeth）。

9 南アフリカの女性闘争について結束する国際団結日。

10 アメリカのデザイナー、ベッツィー・ジョンソン（Betsey Johnson）が、1942年のこの日に生まれた。

11 1862年のこの日、アメリカの女優、サラ・バーンハート（Sarah Bernhardt）がパリで初舞台を踏んだ。18歳であった。のちに非凡なサラとして知られ、現代西洋演劇の歴史で最も魅力的な

8月の花
ケシ
誕生石
オニキス

個性の持ち主だと言われる。

12 1953年、アン・デビッドソン（Anne Davidson）が女性として初めて、単独大西洋帆走を行った。イギリスのプリマスからフロリダ州マイアミまで、7メートルのスループ型帆船、「幸福なアン号」(the Felicity Anne) で航海した。

13 1860年、アニー・オークレー（Annie Oakley）が生まれる。バッファロー・ビル・ワイルドウェストショーの芸人。射撃の名人であり、ライフルで27メートル以上離れたトランプのカードの端を撃ち抜くことができた。

14 兄弟の中で長子でも末っ子でもない、まん中に生まれた子供を祝福するために選ばれた日。エミリー・ディキンソン（Emily Dickinson）は、兄、オースティン（Austin）と妹ラビニア（Lavinia）を持つまん中の子供であった。

15 1855年のこの日、アメリカの作家、エドナ・ファーバー（Edna Ferber）が生まれた。作品『ショーボート』(Show Boat) はミュージカル、演劇、映画にもなった。1925年には歴史小説『ソービッグ』(So Big) がピューリッツァ賞を受賞。

16 アメリカの歌手であり女優のマドンナ（Madonna）が、1958年のこの日生まれた。本名はマドンナ・ルイス・チコーネ（Madonna Louise Ciccone）。

17 シャーロット・グリムキ（Charlotte Grimke）が、1837年のこの日に生まれた。奴隷制に反対して闘い、解放された奴隷たちの教師を務めた。

18 バージニア・デア（Virginia Dare）が、1587年のこの日に生まれた。初めてアメリカの地、バージニア州、ロアノーク島にて生まれたヨーロッパ人の赤ちゃん。

19 1890年のこの日、米国愛国婦人会が結成された。会員は全て独立戦争を戦った先祖の血をひく女性であった。

20 ジャーナリストであり、全国ネットワークのニュースキャスターである、コニー・チュン（Connie Chung）が、1946年のこの日、ワシントンDCで生まれた。生まれた時の名は、コンスタンス・ユーハ（Constance Yu-Hwa）。

21 1621年のこの日、12人の白人女性が、イギリスからバージニアの植民地へ奴隷として売られるために送られた。

22 1762年、アン・フランクリン（Ann Franklin）が女性として初めて、アメリカの新聞社の編集長となった。ロードアイランド州ニューポートのマーキュリー誌（The Mercury）に勤めた。

23 友達を抱きしめる日。

24 アメリカの微生物学者エリザベス・ヘーザン（Elizabeth Hazen）が、1885年のこの日に生まれた。1948年に、レイチェル・ブラウン（Rachel Brown）と共に抗菌物質ナイスタチン（nystatin）を発見。

25 10歳のサマンサ・スミス（Smantha Smith）が、1985年、飛行機事故により他界。ソ連の首脳にモスクワへ招待されてから、メイン州の小さな親善大使と呼ばれた。

26 アメリカで女性が投票権を得た日。1920年のこの日、女性の投票権を認める、米国憲法修正案第19条が批准された。白人米国男性と同等の権利を女性が得るのに、憲法が制定されてから142年かかった。

27 マザー・テレサ（Mother Teresa）、本名アグネス・ボジャフー（Agnes Bojaxhiu）が、1910年のこの日ユーゴスラビアで生まれた。インドのスラムに住む貧しい人々を救うために人生を捧げた。1979年にノーベル平和賞受賞。1997年没。

28 夢の日。マーチン・ルーサー・キング（Martin Luther King）牧師の「私には夢がある」というスピーチを記念する日。

29 アルシーア・ギブソン（Althea Gibson）が、1950年、アフリカ系アメリカ女性として初めて、全米オープンテニス選手権に出場した日。1951年には初めて全英オープンにも参加した。

30 紀元前30年のこの日、エジプトの女王クレオパトラ（Cleopatra）が他界した。彼女は、紀元前323年からローマに併合される紀元前31年までエジプトを治めた、マケドニア朝最後の支配者であった。

31 1842年のこの日、ジョセフィン・ルフィン（Josephine Ruffin）が生まれた。初めての黒人女性市民連合である「女性の時代の会」の会長であった。

9月

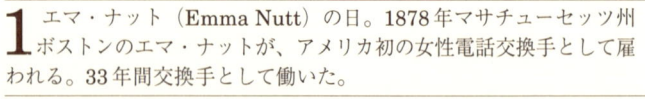

9月の花
アサガオ
誕生石
サファイア

1 エマ・ナット（Emma Nutt）の日。1878年マサチューセッツ州ボストンのエマ・ナットが、アメリカ初の女性電話交換手として雇われる。33年間交換手として働いた。

2 1838年のこの日、リディア・カメケハ・パキ・リリウオカラニ（Lydia Kamekeha Paki Liliuo Kalani）が生まれた。1891年から1893年まで、ハワイの女王であった。

3 アン・リチャーズ（Ann Richards）が、1933年のこの日に生まれた。率直な政治家であり、1991年にはテキサス州知事に選ばれた。

4 アメリカ東海岸のハリケーンの季節の始まり。1953年からハリケーンには女性の名をのみつけていた。初めてつけられた名はアリス（Alice）、1979年からは男性名も用いられるようになった。

5 何かをするのに遅れちゃえの日。

6 1860年のこの日、ジェーン・アダムス（Jane Addams）が生まれた。アメリカ人女性として初めてノーベル平和賞を受賞した人。シカゴのハルハウス（福祉施設）で貧困者と共に働き、暮らした社会改革家。彼女の財産は各世代の最初に生まれた赤ちゃんに贈られることが遺言で決められている。

7 モーゼスおばあちゃんとして知られるアンナ・メアリー・モーゼス（Anna Mary Moses）が、1860年のこの日に生まれた。田園生活を描く、このアメリカ人の画家は、76歳の時に絵を描き始める。100歳から亡くなる101才までの間に25作品を描き上げた。

8 初代ミス・アメリカに16才でワシントンDC出身のマーガレット・ゴアマン（Margaret Gorman）が、1921年選ばれた日。身長5フィートの彼女は、ミス・アメリカに選ばれた女性の中で最も背が低い。数年後、大恐慌の中、生活費を払うために、銀のカップは溶かされてしまった。

9 グレース・ケリー（Grace Kelly）が、1982年のこの日、車の事故のため亡くなった。アメリカのアカデミー賞を受賞した女優であり、のちにモナコ王妃となった。

10 ギリシア神話の農業の女神、デメテル（Demeter）と、ローマ神話の穀物、収穫の農業の女神ケレス（Ceres）（シリアル〔穀物〕という単語はここから派生している）に敬意を払う日。

11 1850年、スウェーデンの歌手、ジェニー・リンド（Jenny Lind）がアメリカで歌手デビューを果たした日。P・T・バーナム（P. T. Barnum）はこの「スウェーデンのナイチンゲール」を雇い、1晩につき1000ドル以上を払って、彼のショーのツアーに参加させた。人生の最盛期においては、年間300万ドルの収入のある賢い

ビジネスウーマンであった。

12 アズイエ・テイラー・モートン（Azie Taylor Morton）が、アフリカ系アメリカ人女性初の米国財務省出納局長として、1977年に就任した日。

13 1856年のこの日、マリア・ボールドウィン（Maria Baldwin）が生まれた。教育者であり、マサチューセッツの学校の校長。アフリカ系アメリカ人女性としては初めての校長であった（1889-1922）。

14 1879年のこの日、マーガレット・サンガー（Margaret Sanger）が生まれた。性教育と家族計画を促進する組織、プランド・ペアレンツフッド（親子計画）を設立。

15 働く女性たちの会、ソロシスが、1868年、ニューヨークにて発足した日。記者クラブ、チャールズ・ディケンズの会への参加を許されなかった女性のジャーナリストやキャリアウーマンのためにつくられた。

16 1620年のこの日、メイフラワー号がイギリスのプリマスを出発した。女の子の赤ちゃん、オセアニア・ホプキンズ（Oceania Hopkins）が船の上で生まれる。

17 1934年のこの日、モーリーン・コナリー（Maureen Connolly）が生まれた。ニックネームはちいちゃなモー。15歳で全米の女子最年少チャンピオンに輝く。テニスのグランドスラムを達成した初の女性。

18 1881年、ハリエット・コンバース（Harriet Converse）が白人女性としては初めて、アメリカン・インディアンの名誉酋長の称号を与えられた。6つの部族の酋長を務め、秘密組織リトル・ウォーター・ソサエティのメンバー。彼女の名は、ヤ＝イエ＝ワ＝ノン（Ya-ie-wa-noh）に変えられた。私たちを見守る女の意味。

19 1846年、イギリスの詩人、エリザベス・バレット（Elizabeth Barrete）が、詩人ロバート・ブラウニング（Robert Browning）と結婚するために、秘かに父の家を出た。父は二度と娘に会おうとしなかった。父は自分の子供の誰かが結婚することを信じなかったからである。

20 テニス・プレーヤー、ビリー・ジーン・キング（Billie Jean King）が、1973年のこの日、ヒューストン・アストロドームで「男との試合」に勝利をおさめた。対戦相手、ボビー・リッグス（Bobby Riggs）に3セットともストレート勝ち。

21 生物圏の日。これは全ての人に地球の環境のもろさとその保護の必要を思い出させる日。

22 アメリカのビジネスウーマンが町を占拠する日。これは何千人ものビジネスウーマンが、女子に奨学金を調達することと、

カレンダー 47

5300万人以上のアメリカのキャリアウーマンの寄付をたたえるために、正午に街頭に出る日。

23 1838年のこの日、ビクトリア・ウッドハル（Victoria Woodhull）が生まれた。フェミニストであり、1872年には初の女性大統領候補者になった。彼女の副大統領候補者は、黒人奴隷制度廃止論者の指導者であるフレデリック・ダグラス（Frederick Douglass）だった。

24 アメリカ先住民の日。有名な女性のアメリカ先住民は、ポカホンタス（Pocahontas）、サカジャウィア（Sacajawea）、モーニング・ドーブ（Mourning Dove）、ウイルマ・P・マンキラー（Wilma P.Mankiller）。

25 1931年のこの日、バーバラ・ウォルターズ（Barbara Walters）が生まれた。アメリカ人ジャーナリストであり、テレビのコメンテーターでもあった彼女は、夕方のニュース番組初の女アンカー・ウーマンとなった。また、テレビで年収100万ドルを稼いだ初めての女性でもあった。

26 「もし私が絵を描き始めてなかったら、にわとりを飼育していたことでしょう」——グランマ・モーゼズ（Grandma Moses、本名アンナ・メアリ・ロバートソン（Anna Mary Robertson）；米国の女流画家；農場生活を描いた独学の画家）

27 1956年のこの日、ミルドレッド・'ベーブ'・ディドリクソン・ザハアリアス（Mildred 'Babe' Didrikson Zaharias）が死去。史上最も目立つ女性運動選手だった。バスケットボール、野球、槍投げ、陸上競技、そしてゴルフに秀でていた。

28 1856年のこの日、ケイト・ウィギン（Kate Wiggin）が生まれた。サンフランシスコに初めて無料の幼稚園を設立し、『ポリー・オリバーの問題』（Polly Oliver's Problem）と『サニーブルック農場のレベッカ』（Rebecca of Sunnybrook Farm）を執筆した。

29 1848年のこの日、キャロライン・イエール（Caroline Yale）が生まれた。耳の聞こえない人に話すことを教える平易なシステムの開発に貢献した。

30 韓国の収穫祭。この祭日は収穫の女神たちを祝う日。

10月

1 1953年のこの日、世界的マラソンランナー、グレテ・ワイツ (Grate Waits) がノルウェーのオスロで生まれた。

2 1775年、ハンナ・アダムス (Hannah Adams) が生まれた。アメリカ初の女性プロ作家だった。彼女の著書『世界宗派辞典』(*Alphabetical Compendium of Various Sects*) は、さまざまな宗教に関する客観的な歴史書である。

3 「ナショナル・ブック・イットの日」(National Book It! Day)（全国読書の日）。ピザハットがスポンサーとなっているアメリカ最大の読書奨励計画である。毎年1700万人の子供たちが参加している。

4 1887年のこの日、ミリアム・バンウォーターズ (Miriam Vanwaters) が生まれた。女性用刑務所の待遇改善に貢献した。

5 1853年のこの日、レベッカ・マン・ペンネル (Rebecca Mann Pennell) は、オハイオ州アンティオク・カレッジで初の女性大学教授になった。

6 1925年のこの日、アメリカのジャーナリスト、作家、そしてテレビのコメンテーターであるシャーナ・アレグザンダー (Shana Alexander) が生まれた。

7 1975年のこの日、女性がアメリカの陸軍士官学校への入学を初めて許可された。

8 1871年のこの日、オーリアリー夫人 (Mrs. O'Leary) とその雌牛が有名になった。言い伝えによると、その雌牛が納屋のカンテラをけっとばし、シカゴの大火を引き起こしたのだそうだ。

9 世界郵便の日。ペンパルに手紙を送ろう。

10 ボンザ・ボトラーの日 (Bonza Bottler Day)。今日、10-10という月数と日数の偶然の一致を認識しよう。

11 1884年のこの日、エレノア・ルーズベルト (Eleanor Roosevelt) が生まれた。人権擁護者となった初のファーストレディだった。作家でもあり外交官でもあった。

12 ジーン・ニデッチ (Jean Nidetch) が、1923年に生まれた。子供時代、何かを食べずにはいられなかった人で、成人してからは214ポンド (96.3キログラム) にまでなった。ほかの体重のある友達の助けとはげましをえて、彼女は1962年に体重監視隊を設立した。

13 1754年のこの日、メアリー・ヘイズ・マコーレー (Mary Hays McCauley) が生まれた。1778年アメリカ独立戦争のモンマスの戦いに参戦した時、「モリー・ピッチャー」として有名になった。

10月の花
キンセンカ
誕生石
オパール

カレンダー　49

14 1906年のこの日、ハンナ・エアレント（Hannah Arendt）が生まれた。大学教授であり、政治哲学者でもあった彼女は、政治行動の道徳的責任について述べた。

15 1830年のこの日、ヘレン・ハント・ジャクソン（Helen Hunt Jackson）が生まれた。彼女は、著作『侮辱の1世紀』（*A Century of Dishonour*）の中で、アメリカ政府によるアメリカ原住民へのハラスメントを述べている。彼女は、セオドア・ルーズベルト（Theodore Roosevelt）大統領とのインディアンの苦境についてのディベートに挑んだ。

16 辞書の日。herstory（女性の観点からの歴史、history を言い換えたもの）や、Ms. などの男女同権主義者の単語をチェックしよう。

17 黒人詩の日。グエンダリン・ブルックス（Gwendolyn Brooks）、マヤ・アンジェロー（Maya Angelou）、そしてアリス・ウォーカー（Alice Walker）らは、数少ない詩人であり、彼女らの詩は今日でも読むことができる。

18 1956年のこの日、マルチナ・ナブラチロワ（Martina Navratilova）が生まれた。偉大なテニス選手であり、ウインブルドンで9回優勝した。

19 1850年のこの日、アニー・ペック（Annie Peck）は生まれた。古典学者であり登山家だった。1895年初め、ヨーロッパと南アメリカの山々を、ニッカボッカー、チュニック、そしてベールでおおわれたフェルト帽といういでたちで登った。彼女の最後の登山は、82歳の時のニューハンプシャー州のマディソン山だった。

20 1862年のこの日に、モード・ネイサン（Maud Nathan）が生まれた。彼女は女性参政権論者で、社会福祉指導者であり、ユダヤ教会堂でラビ（ユダヤ教牧師）の代わりに説教をしたアメリカ初の女性であった。

21 1979年のこの日、グレテ・ワイツ（Grete Weitz）がマラソンを2時間半以内で走った最初の女性となった。それはニューヨークシティー・マラソンだった。

22 1875年のこの日、ハリエット・シャーマーズ（Harriet Chalmers）が生まれた。彼女はアメリカ南部、そして中部の内陸に旅した初の外国女性だった（1900年）。彼女は女性地理学者協会を設立し、『ナショナル・ジオグラフィック』誌（*National Geographic*）に定期的に執筆した。

23 1934年のこの日、ジャネット・ピカード（Jeanette Picard）は、女性気球乗りとして高度の記録を作った。57,579フィートである。

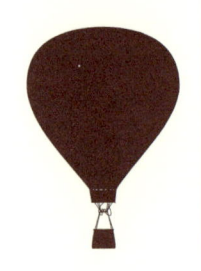

24 1901年のこの日、アニー・エドソン・テイラー（Annie Edson Taylor）は、ナイアガラの滝を樽で越えた最初の人となった。彼女は、このような離れ業で金持ちになれるかもしれないと期待してミシガンから来た学校教師だった。不幸にも彼女のマネージャーに金のほとんどを取り上げられ、1921年に無一文で他界。

25 1972年、初の女性FBI捜査官が訓練を終了した。スーザン・リン・ロレイ（Susan Lynn Roley）とジョアン・ピアース（Joanne Pierce）が、45人の男性と共にこの14週間におよぶコースを卒業した。

26 ヒラリー・ロダム・クリントン（Hillary Rodham Clinton）が、1947年に生まれた。彼女は初の弁護士兼ファーストレディとなり、国民保健改革運動を主導した。

27 1940年のこの日、マキシン・ホン・キングストン（Maxine Hong Kingston）が生まれた。その自叙伝『女性戦士』（*The Woman Warrior*）は、中国系アメリカ人女性の経験を書いている。

28 誕生日おめでとう、自由の女神！ 1886年、「自由が世界を啓蒙する」と刻まれたこの像がフランスから贈られた。

29 1966年、全米女性機構（The National Organization for Women）が設立された。ベティ・フリーダン（Betty Friedan）が「男性との真に対等なパートナーシップにおける女性のための完全な平等」を支持するために（この組織）NOWを作った。

30 今夜は「いたずらの晩」。ハロウィーンの前夜は子供たちが害のないいたずらを早めに始められるように考え出されたもの。

31 1932年のこのハロウィーンの夜、キャサリン・パターソン（Katherine Paterson）は生まれた。1988年、児童文学へ生涯を捧げたことによりレジャイナ賞に輝いた。『私が愛したヤコブ』（*Jacob Have I Loved*）と『テラビシアへの橋』（*Bridge to Terabithia*）が彼女の二つの小説である。

11月

1 1848年のこの日、初の女子医大が創立された。Boston Female Medical School（ボストン女子医大）と命名された。

2 1974年、詩人のアドリアン・リッチ（Adrienne Rich）が、全米図書賞を『破局に向かって一目散』（*Diving into the Wreck*）で受賞した。彼女は一人で賞を受け取ろうとはせず、アリス・ウォーカー（Alice Walker）とオードリィ・ロード（Audre Lorde）と共に、全ての女性の代表として共同受賞した。

3 1869年のこの日クララ・ノイズ（Clara Noyes）が生まれた。1910年、アメリカ初の助産婦のための看護学校を設立した看護学教授。

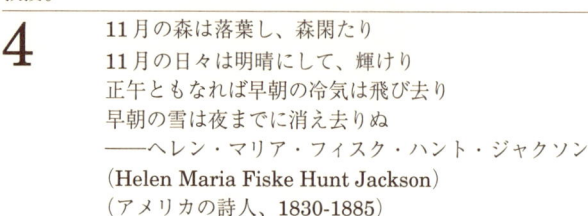

4
11月の森は落葉し、森閑たり
11月の日々は明晴にして、輝けり
正午ともなれば早朝の冷気は飛び去り
早朝の雪は夜までに消え去りぬ
——ヘレン・マリア・フィスク・ハント・ジャクソン
(Helen Maria Fiske Hunt Jackson)
（アメリカの詩人、1830-1885）

5 1968年、ニューヨークのシャーリー・チショルム（Shirley Chisholm）はアフリカ系アメリカ人初の女性下院議員になった。彼女のモットーは"買収されない、支配されない"だった。

6 27ヶ月におよぶ世界単独航海の後、1987年のこの日、19歳のアメリカ人大学生、テニア・アベイ（Tenia Aebi）はニューヨークに戻ってきた。彼女は世界単独航海を行ったアメリカ初の女性であり、また最年少者でもあった。

7 1943年のこの日ジョニー・ミッチェル（Joni Mitchell）がカナダで生まれた。歌手、作詞家、画家であった彼女の歌『チェルシーの朝』（Chelsea Morning）は、クリントン大統領の長女チェルシー・クリントン（Chelsea Clinton）命名のヒントとなった。

8 1909年のこの日キャサリン・ヘップバーン（Katharine Hepburn）が生まれた。彼女は自立心、勇気、プライバシー意識から多数の民衆の評価を得た伝説的な名女優である。

9 1928年のこの日アン・セックストン（Anne Sexton）が生まれた。ピューリッツァ賞受賞の詩人で、『生か死か』（*Live or Die*）などの作品がある。

10 全国若者読書日。あなたの一番好きな本は？　それを今日は友達に推薦してあげよう。

11 アビゲール・アダムス（Abigail Adams）が、1744年のこの日に生まれた。政治的に影響力のあったファーストレディーで、手紙で知られるが、その多くは孫によって集められ、出版された。

11月の花
キク
誕生石
トパーズ

12 エリザベス・キャディー・スタントン（Elizabeth Cady Stanton）が、1815年に生まれた。彼女は女性参政権を要求した作家であり、講演者だった。7人の子の母でもあった彼女は、アメリカのフェミニズムの創立者の一人とされている。

13 ジュディアン・デンセン＝ガーバー（Judianne Densen-Gerber）が、1934年のこの日に生まれた。彼女は全米幼児虐待遺棄防止センターを設立した一人である。

14 1907年のこの日アストリッド・リンドグレン（Astrid Lindgren）は生まれた。このスウェーデン作家の世界への贈りものは、愛すべき作中人物、ピッピ・ロングストッキングである。

15 ジョージア・オーキーフィー（Georgia O'Keeffe）は、1887年のこの日に生まれた。このアメリカ人画家は、アメリカンアートと20世紀アートの両方に足跡を残した。彼女は12歳の時に描き始め、99歳で死ぬまで描き続けた。

16 エッサー・ポール・ラブジョイ（Esther Pohl Lovejoy）が、1869年のこの日に生まれた。彼女は、1890年代のゴールドラッシュの時代にクロンダイクで女性初の開業医となった。

17 1637年のこの日、宗教指導者アン・ハッチンソン（Anne Hutchinson）がマサチューセッツ・ベイ・コロニーからロングアイランドの荒野に追放された。ピューリタンの男性信者達に、女性も教会のことに意見を表明する権利があると主張したためである。彼女とその家族は、一人の娘を除いてインディアンに殺害された。

18 ウィルマ・マンキラー（Wilma Mankiller）が、1945年のこの日に生まれた。このアメリカ原住民（インディアン）の活動家は、女性初のオクラホマのチェロキー部族連合の代表に選ばれた。

19 1963年のこの日、ジョディ・フォスター（Jodie Foster）が生まれた。13歳までに女優としてのキャリアを確立していた。しかしエール大学に入学、卒業するために途中休業した。1988年に初のアカデミー主演女優賞を『告発の行方』（The Accused）で、二度目を1991年の『羊たちの沈黙』（The Silence of the Lambs）で獲得した。

20 ポーリー・マレー（Pauli Marray）が、1910年のこの日に生まれた。市民権専門の弁護士で聖公会の司祭でもあり、アフリカ系アメリカ人女性として初めてエール大法学部より博士号を与えられた。

21 フィービ・フェアグレイブ・オミリー（Phoebe Fairgrave Omilie）が、1902年のこの日に生まれた。女性初の連邦政府のパイロット免許を得た空中スタントパフォーマーだった。また、女性初の航空機整備士の免許をも取得した。

カレンダー 53

22 ジョージ・エリオット（George Eliot）、本名はメアリー・アン・エバンズ（Mary Ann Evans）が、1819年のこの日に生まれた。イギリスの小説家であった彼女は、男性のペンネームを使って作品を発表し、『アダム・ビード』（*Adam Bede*）、『フロス河畔の水車場』（*Mill on the Floss*）、『サイラス・マーナー』（*Silas Marner*）で決定的に成功をつかむ。彼女の作品を称賛したある批評家は、女性の書く小説は力不足で真実性に欠けるものだが、この小説は「男性天才作家の高水準」に達していると書いている。

23 マリー・バン・ボースト（Marie Van Vorst）は、1867年のこの日に生まれた。彼女は、女工の劣悪な労働条件に一般の目を向けさせた作家であり、改革者でもある。

24 1871年のこの日、『ヒット』（*Hit*）というタイトルのメアリー・エドワーズ・ウォーカー（Mary Edwards Walker）博士の回顧録が出版された。その中で、彼女は「あなたたち（男）は私たちの庇護者ではない。もしそうだとしたら誰から私たちを守るのでしょう？」と書いている。

25 歌手ティナ・ターナー（Tina Turner）が、1940年のこの日に生まれた。映画『愛のなすべき事』（*What's Love Got to Do with it*）はその伝記。

26 メアリー・エドワーズ・ウォーカー（Mary Edwards Walker）が、1832年のこの日に生まれた。彼女は南北戦争の外科医で、連邦議会名誉賞に輝いた。

27 アメリカの雑誌編集者だったサラ・ジョセファ・ヘイル（Sarah Josepha Hale）は、アブラハム・リンカーン（Abraham Lincoln）に感謝祭を国民の祝日にするよう説得した。

28 1853年のこの日、ヘレン・マギル・ホワイト（Halen Magill White）が生まれた。彼女はアメリカでの女性博士第一号で、ボストン大学から博士号を授与された。1877年、英国ケンブリッジ大学で古典文学に関する博士号取得後の研究を続けた。

29 ルイーザ・メイ・オールコット（Louisa May Alcott）は、1832年のこの日に生まれた。彼女は『若草物語』（*Little Women*）で良く知られている。この作品で、多くの男女同権論者への励ましの源となった力強い女主人公、ジョー（Jo）を生み出した。

30 1991年、アメリカのサッカーチームが女性世界選手権大会で優勝した。開催地は、中国広州であった。

12月

1 ローザ・パークス（Rosa Parks）の日。1955年、中年の黒人女性ローザ・パークスがアラバマ州モンゴメリーでバスの黒人用のシートに腰をおろした。バスが混雑してきたので運転手は白人に席を譲るよう言ったが彼女はそれを拒み、逮捕された。ボイコットと抗議運動が起こり、最高裁判所は公共の乗り物における人種差別を禁止する裁定を下した。

2 1925年、俳優のジュリー・ハリス（Julie Harris）が生まれた。30年におよぶブロードウェーでの活動でトニー賞を5回獲得した。彼女はエミリー・ディキンソンを演じた『アムハーストの美人』（The Belle of Amherst）という一人芝居で最も良く知られている。

3 1990年メアリー・ロビンソン（Mary Robinson）がアイルランド初の女性大統領として就任宣誓した。

4 セント・バーバラ（St.Barbara）の日。伝説によると、この日、若い女性が桜の小枝をコップの中の水に入れておき、もしそれがクリスマスイブまでに咲くと、必ず次の年に結婚できる。

5 エリザベス・アガシ（Elizabeth Agassiz）が、1822年のこの日に生まれた。彼女は教育者であり、ラドクリフ大学（超有名女子大）の初代学長となった。

6 1902年のこの日、女性を印刷したアメリカ初の切手が発行された。マーサ・ワシントン（Martha Washington）がふじ色の8セントの切手にお目見えしたのである。

7 ウィラ・キャサー（Willa Cather）が、1873年のこの日に生まれた。彼女は、作品の中で様々な自立した女性を描いたアメリカ人小説家である。彼女のベストセラーは『大主教に死きたる』（Death Comes for Archbishop）である。

8 スコットランド女王メアリー（Mary Queen of Scots）が、1542年のこの日生まれた。生後6日目で女王となった彼女だが、同時に母親は、フランスの皇太子フランシスII世（Francis II）と彼女を婚約させた。

9 1906年のこの日、グレース・ホッパー（Grace Hopper）が生まれた。彼女は海軍少将であり、COBOL（コボル）として知られるコンピューター言語を開発した。

10 1830年のこの日、エミリー・ディキンソン（Emily Dickinson）が生まれた。彼女はアメリカ人の詩人であり、孤独な生活を送った。彼女は紙切れに詩を書き、それを綴じて小冊子にし、トランクにしまった。生存中に公表されたのは2,000の詩のうち、たった12篇だけだった。

11 1863年のこの日、アニー・ジャンプ・キャノン（Annie Jump Cannon）が生まれた。彼女は35万以上の星の分類を行った天

12月の花
ポインセチア
誕生石
トルコ石

カレンダー

文学者だった。

12 今日は、「我がレディー・オブ・グアダループ（Our Lady of Guadalupe）の日」という祭日。彼女はメキシコの守護聖人。祝典はメキシコとアメリカ南部の一部で、この日にとり行われる。

13 スウェーデンでは、今日は聖ルシア（St. Lucia）の日。朝、一家の長女が両親がベッドから起きる前に、サフランの香りのロールパンとホットコーヒーを給仕する。

14 マーガレット・チェイス・スミス（Margaret Chase Smith）が、1897年のこの日に生まれた。彼女はアメリカ人女性で両院議員に選出された最初の人。1940年から48年までは下院議員、そして1948年から72年まで上院議員を務めた。

15
彼らは散文の中に私を幽閉した―
子供の頃、私を押入に閉じ込めたように
私に「静かに」していてもらいたかったから―
　　――エミリー・ディキンスン（Emily Dickinson）

16 マーガレット・ミード（Margaret Mead）が、1901年のこの日に生まれた。彼女は30冊以上の本を書いたアメリカの人類学者。彼女の最大の希望は、「全ての人間の才能に居場所を提供する」一つの文化を作り上げることだった。

17 1760年のこの日に、デボラ・サンプソン（Deborah Sampson）が生まれた。アメリカ独立戦争の時、戦うためにロバート・シャートレフ（Robert Shurtleff）という名前の男に変装して兵士になった。

18 グラディス・ヘンリー・ディック（Gladys Henry Dick）は、1881年のこの日に生まれた。微生物学者であり内科医であった彼女は、猩紅熱の原因となる細菌を発見した。

19 1939年のこの日、女優のシセリー・タイソン（Cicely Tyson）が生まれた。

20 1928年、生きている女優の名を取った初のブロードウェーの劇場がオープンした。エセル・バリモア（Ethel Barrymore）・シアターと呼ばれた。彼女は14歳でデビューし、65歳で『淋しき心の人だけが』（None But the Lonly Heart）に出演してアカデミー賞受賞。

21 冬至。北半球では冬の始まりの日であり、南半球では夏の始まりの日にあたる。

22 1880年のこの日アリーン・バーンスタイン（Aline Bernstein）が生まれた。舞台デザイナーで、1920年代から50年代にかけてブロードウェーでヒットした数々のショーを手がけている。

23 1867年のこの日サラ・ウォーカー（Sarah Walker）が生まれた。彼女は独力でアメリカの百万長者にのしあがった初めての

女性である。アフリカ系アメリカ人の実業家であった彼女は"マダム・C・L・ウォーカー"というヘア用品を製造した。

24 1807年のこの日エリザベス・チャンドラー（Elizabeth Chandler）が生まれた。作家であり、奴隷制度廃止論者であった彼女は、奴隷によって作られた品物のボイコットを行った。

25 1954年のこの日スコットランドでアニー・レノックス（Annie Lennox）が生まれた。彼女はユーリズミックスというバンドのリードシンガーであり、ソロの歌手としては『割れたガラスの上を歩きながら』（Walking on Broken Glass）のような歌を録音している。

26 1954年のこの日、スーザン・ブッチャー（Susan Butcher）が生まれた。彼女は、イディタロッド（Iditarod）という1,157マイル（1,862キロメートル）の犬ぞりレースで何度も優勝した。

27 1920年のこの日、女流としては最初にその作品がブロードウェーで上演された劇作家であるゾナ・ゲール（Zona Gale）のピューリッツァ賞受賞劇『ルル・ベット嬢』（Miss Lulu Bett）が開幕した。

28 1895年のこの日、キャロル・リリー・ブリンク（Carol Ryrie Brink）が生まれた。祖母のウィスコンシンでの開拓時代の話にヒントを得た『キャディー・ウッドローン』（Caddie Woodlawn）でニューベリー賞（児童文学賞）を獲得した。

29 メアリー・タイラー・ムーアー（Mary Tyler Moore）が、1936年のこの日に生まれた。彼女は女優であり、人気テレビシリーズ『メアリー・タイラー・ムーアー・ショー』のスターである。

30 イギリスの女優兼歌手であるトレイシー・ウルマン（Tracy Ullman）が、1959年のこの日に生まれた。

31 決心の日。新年を迎える前に決心をし、それに従いなさい！

優秀な子と進路

多くの女性は、幼年期には遊び、10代には悩み抜き、大人になったら何をしたらいいか考えます。それは私たちの期待する決断であるはずです。現代世界では、なりたいと思ってなれないものは何もないからです。

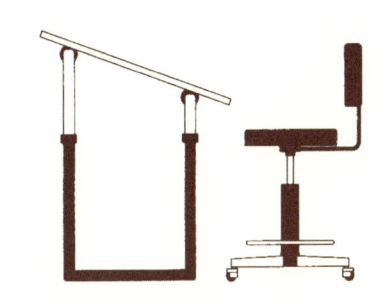

彫刻家ベティー・サー（Betty Saar）は子供の頃、祖母の家の裏庭で宝探しに熱中しました。これが彫刻家にむかう出発点であったとは、彼女は全く気づいていませんでした。今日のベティーは、自分の制作に役立てるためあらゆる種類の物体を集めています。

ライフワークへの道筋を探る

- 自分にとって興味のあるあらゆることをリストアップします。自分のいたい場所、したいこと、どんな人と一緒にいたいか、などです。
- 自分の長所をリストアップします——能力、特技、人の役に立てること、やって楽しいことなど。
- 自分の基本的技能をリストアップします。人は誰しも少なくとも得意とすることが4つ、5つはあるはずです。いくつかの実例を紹介しましょう。読み、書き、料理、物品販売、演技、栽培、人の話を聞くこと、指導、問題解決、道具使用、動物飼育、意志決定、喧嘩仲裁、図画、独創的な着付け、物品組み立て実験、数字の処理、人を笑わせることなど。
- 次に、そのすべてを組み合わせて、次に挙げる将来可能な職業リストに目を通します。

考えられる職業

なりたいと思ってなれないものなどありません。かつて女性が成功した職業のほんのいくつかを紹介してみます。

建築家

ノーマ・スクラレック（Norma Sklarek）は、全米建築家協会会員の資格を取った最初のアフリカ系アメリカ女性。彼女は1950年、コロンビア大学、建築学部を卒業。

アメリカの建築家、エリノア・レイモン（Eleanor Raymon）は、1928年、自分の建築事務所を設立。彼女は常に新しい建築材料の実験を行ない、1948年に最も初期のソーラーホームを設計しました。

ナタリー・デブロイス（Natalie DeBlois）は、1952年にレバー・ハウス、1959年にペプシコーラ・ビル、1960年にユニオン・カーバイド・ビルを設計したチームの一員でした。こうしたビルはすべて巨大で有名な企業社屋です。

マヤ・リン（Maya Lin）は、21歳の時、首都ワシントンにある、今や有名となったベトナム退役軍人記念館の設計と施工で全米コンテストの一等賞を取りました。彼女の最も新しい記念館は、公民権運動を記念して、アラバマ州に設立されました。

シェフ

　アメリカ生まれのジュリア・チャイルド（Julia Child）は、1960年代に自分のテレビ番組『フランス人シェフ』（*The French Chef*）で、フランス料理を全米に普及させました。パリのコルドン・ブルー料理学校を卒業した彼女の著作『フランス料理術上達法』（*Mastering the Art of French Cooking*）は、最良のフランス料理本とされています。

M・F・K・フィシャー（M. F. K. Fisher）(1908-1992)はアメリカ人シェフで、料理法に関する著述家でした。彼女の処女作『サーブ・イト・フォース』(*Serve It Forth*) は、1937年に刊行されました。その中で、彼女は「ねえ、もし生きるために食べなければならないとしたら、おいしく食べた方がいいかもね」と述べています。まさに至言といえましょう。40年代、50年代、60年代を通して、彼女は、カリフォルニア州、スイス、フランスなどで生活し、料理を作り、執筆をしました。

アリス・ウォーターズ（Alice Waters）は、1971年、カリフォルニアで自分のレストラン"シェイ・パニッセ"(Chez Panisse) をオープンしました。彼女の最新の料理本は、9歳の娘からヒントを得たものでした。それは「シェイ・パニッセでのファニイ」(Fanny at Chez Panisse) と名づけられ、少女言葉で書かれています。

哲学者

ハンナ・アーラント（Hannah Arendt）はドイツ生まれの哲学者（1906-1975）でした。彼女はニューヨークで人生の大半を過ごし、『人間の条件』(*The Human Condition*)という著作で、公共的価値に対する私的価値の重要性を説きました。

フランスの哲学者、シモーヌ・ド・ボーボワール（Simone de Beauvoir）は、1949年に『第二の性』(*The Second Sex*) を出版して有名になりました。その中で、彼女は心理学や神話の理論を用いて、歴史上での女性への抑圧の跡をたどりました。

写真家

ベレナイス・アボット（Berenice Abbot）は1898年、アメリカで生まれました。1920年代のパリ、'30年代のニューヨークで有名人の写真を撮りまくった後で、技術写真装置のデザイナーとなりました。

ダイアン・アーバス（Diane Arbus）は、1960年代の風変わりな人物の写真で有名になった写真家。

　マーガレット・バーク-ホワイト（Margaret Bourke-White）はフォトジャーナリストで、彼女の『ライフ』誌（Life）に載せた第二次世界大戦の写真は世界的に有名になりました。彼女はフォトエッセイ、すなわち物語を構成する写真集の創始者でした。

　アメリカ人女性、アニー・レイボービツ（Annie Leibovith）は有名人の写真家であり、彼女自身も名士となりました。23歳で彼女は『ローリング・ストーン』誌（Rolling Stone）の主任写真家となり、1973年から1983年までそこに勤務。この世代の最も著名な写真家です。

出版業者

　キャサリン・グラハム（Katharine Graham）は、1969年に、アメリカで最も影響力を持ち、権威もある新聞のひとつ、『ワシントン・ポスト』（Washington Post）の発行人となりました。この新聞社は週刊誌『ニューズウィーク』（Newsweek）の出版元でもあります。

　アルゼンチンのビクトリア・オウカンポウ（Victoria Ocampo）（1891-1979）は、文芸誌『サール』（Sur）の創始者、出版人でした。アルゼンチンでは文学の女王として知られています。

　グロリア・スタイナム（Gloria Steinem）は、アメリカの男女同権主義者で、作家、編集者、講演者でもあり、1972年に雑誌『ミズ』（Ms）を創刊しました。

作家

今日、現存している女流作家はおびただしい数にのぼりますが、歴史的に見れば著名作家の数はさらに多くなります。受賞文学者をリストアップしておきます。

ノーベル文学賞受賞者

1909年　セルマ・ラゲロフ（Selma Lagerof）（スウェーデン）
1928年　シグリッド・アンドセット（Sigrid Undset）（ノルウェー）
1938年　パール・バック（Pearl Buck）（アメリカ）
1945年　ガブリエラ・ミストラル（Gabriela Mistral）（チリ）
1991年　ナディーン・ゴーディマー（Nadine Gordimer）（南アフリカ）
1993年　トニ・モリソン（Toni Morrison）（アメリカ）

ピューリッツァ賞受賞詩人

1918年　サラ・ティーズデイル（Sara Teasdale）、『恋の歌』（*Love Songs*）
1919年　マーガレット・ウィダマア（Margaret Widdemer）、『天国への古き道』（*Old Road to Paradise*）
1923年　エドナ・セントビンセント・ミレイ（Edna St.Vincent Millay）、『ハープ・ウィーバーのバラッド』（*The Ballad of the Harp-Weaver*）、『アザミからの数個のイチヂク』（*A Few Figs from Thistles*）、『アメリカン・ポエトリー』（*American Poetry*）誌（1922年）の中の8つのソネット、『寄せ集め』（*A Miscellany*）
1926年　エイミイ・ローウエル（Amy Lowell）、『時とは何』（*What's O'clock*）
1935年　オードリイ・ワーディマン（Audrey Wurdemann）、『輝かしい待ち伏せ』（*Bright Ambush*）
1938年　マーヤ・ザートゥアレンスカ（Marya Zaturenska）、『寒冷なる朝の空』（*Cold Morning Sky*）
1952年　マリアン・ムーア（Marianne Moore）、『詩集』（*Collected Poems*）
1956年　エリザベス・ビショップ（Elizabeth Bishop）、『詩集—北と南』（*Poems—North & South*）
1961年　フィリス・マギンレイ（Phyllis McGinley）、『タイムズ・スリー：30年から選ばれた詩』（*Times Three:Selected Verse from Three Decades*）
1967年　アン・セックストン（Anne Sexton）、『生か死か』（*Live or Die*）
1982年　シルビア・プラス（Sylvia Plath）、『詩集』（*The Collect-*

1984年　メアリイ・オリバー（Mary Oliverx）、『アメリカの原始人』（*American Primitive*）
1985年　キャロリン・カイザー（Carolyn Kizer）、『陰』（*Yin*）
1987年　リタ・ダブ（Rita Dove）、『トーマスとビューラ』（*Thomas and Beulah*）
1991年　モウナ・バン・ダイン（Mona Van Duyn）、『きわどい変化』（*Near Changes*）
1993年　ルイーズ・グルック（Louise Gluck）、『野生のアヤメ』（*The Wild Iris*）

ピューリッツァ賞受賞小説家

1921年　イーディス・ウォートン（Edith Wharton）、『無垢の時代』（*The Age of Innocence*）
1923年　ウィラ・キャザー（Willa Cather）、『我々の仲間』（*One of Ours*）
1924年　マーガレット・ウィルソン（Margaret Wilson）、『有能なマクローグリン家』（*The Able McLaughlins*）
1925年　エドナ・ファーバー（Edna Ferber）、『ソー・ビッグ』（*So Big*）
1929年　ジュリア・ピータキン（Julia Peterkin）、『スカーレット・シスター』（*Scarlet Sister*）
1931年　マーガレット・エア・バーンズ（Margaret Ayer Barnes）、『恩恵の年月』（*Years of Grace*）
1932年　パール・バック（Pearl Buck）、『大地』（*The Good Earth*）
1934年　キャロライン・ミラー（Caroline Miller）、『彼の胸の中の小羊』（*Lambs in His Bosom*）
1937年　マーガレット・ミッチェル（Margaret Mitchell）、『風と共に去りぬ』（*Gone with the Wind*）
1939年　マージョリー・キンナン・ローリングズ（Marjorie Kinnan Rawlings）、『当歳馬』（*The Yearling*）
1942年　エレン・グラスゴー（Ellen Glasgow）、『この我が人生において』（*In This Our Life*）
1961年　ハーパー・リー（Harper Lee）、『マネシツグミを殺すため』（*To Kill a Mockingbird*）
1965年　シャーリー・アン・グラウ（Shirley Ann Grau）、『家政婦たち』（*The Keepers of the House*）
1966年　キャサリン・アン・ポーター（Katherine Anne Porter）、『キャサリン・アン・ポーター短篇集』（*The Collected Stories of Katherine Anne Porter*）
1970年　ジーン・スタフォード（Jean Stafford）、『短篇集』（*Collected Stories*）

1973年　ユードラ・ウェルティ（Eudora Welty）、『楽天家の娘』（*The Optimist's Daughter*）
1983年　アリス・ウォーカー（Alice Walker）、『カラー・パープル』（*The Color Purple*）
1985年　アリソン・ルアリイ（Alison Lurie）、『外交問題』（*Foreign Affairs*）
1988年　トニ・モリスン（Toni Morrison）、『愛されし者』（*Beloved*）
1989年　アン・タイラー（Anne Tyler）、『ブリージング・レッスン』（*Breathing Lessons*）
1992年　ジェイン・スマイリイ（Jane Smiley）、『1千エーカー』（*A Thousand Acres*）

ピューリッツァ演劇賞受賞者

1921年　ゾナ・ゲイル（Zona Gale）、『ルル・ベット嬢』（*Miss Lulu Bett*）
1931年　スーザン・グラスペル（Susan Glaspell）、『アリソンの家』（*Alison's House*）
1935年　ゾウイ・エイキンズ（Zoe Akins）、『オールド・メイド』（*The Old Maid*）
1945年　メアリイ・チェイス（Mary Chase）、『ハーベイ』（*Harvey*）
1956年　フラーンセス・グッドリッチ（Frances Goodrich）（アルバート・ハケット（Albert Hackett）と共に）、『アンネ・フランクの日記』（*The Diary of Anne Frank*）
1981年　ベス・ヘンリイ（Beth Henley）、『心の犯罪』（*Crimes of the Heart*）
1989年　ウェンディ・ウォッサースタイン（Wendy Wasserstein）、『ハイディ年代記』（*The Heidi Chronicles*）

女性が選べる職業リスト

アナウンサー
医師
遺伝学者
イラストレーター
馬の調教師
運動選手
映画カメラマン
栄養士
X線技術師
演劇指導者
会議プランナー
会計士
科学技術ライター
科学作家
家具デザイナー・
火山学者
楽器製作者
環境保護官
企業健康管理者
喜劇作家
技術者
行政官
魚類・鳥獣監視員
銀行家
銀細工師
草花栽培業者
競売人
言語病理学者
建築請負師
建築家
建築検査官
建築主任
航空管制官
考古学者
コンピューター・
　プログラマー
細菌学者
財政立案者
催眠術師

サウンドミキサー
作業療法士
CGアーティスト
歯科医
自家用車運転手
地震学者
自動車修理工
シナリオライター
社会学者
社会福祉指導員
獣医・調教師
出版業者
狩猟場管理人
商品トレーダー
書道家
人工知能エキスパート
心理学者
出納係
生化学者
精神測定学者
設計技術者
占星術師
探偵
地図製作者
聴覚学者
彫刻細工師
彫版工
地理学者
ツアー・コンダクター
通信技術者
店員
天気予報士
天文学者
電話セールス業者
道化師
都市計画者
農場経営者

俳優
パイロット
博物館などの学芸員
発掘人
ハリ治療師
パン焼き職人
美術監督
病院経営者
ファッションデザイナー
舞台装置デザイナー
物理療法士
振り付け師
弁護士
編集者
宝石鑑定家
保険業者
翻訳家
漫画家
見本製造業者
野生動物保護官
輸出業者
予約代理業者
ラジオ・プロデューサー
リポーター
料理人
旅行代理業者
歴史学者
レコーディング技術者
レフリー
レンガ積み職人
老年学者
ロボット工学者

優秀な子と進路

『職業と大学』誌が1993年に行ったアンケート調査では、高校生の多くが物理療法士、FBI捜査員、会計士になりたがっていることが判明した。

昔の女性はどんな職業を選べたのでしょうか。

古代エジプト
助産婦、陶工、絵描き、商人、寺院の踊り子、詩人、機織職人、音楽家、尼僧

石器時代の女性の仕事
動物の毛皮からの衣服作成、木の根・小果実・その他の食用植物の採集、家造り、料理、粘土のつぼや容器造り、育児

1492年時の北米での女性の仕事
篭あみ、多くの病気の予防・治療に使われる小果実・薬草の栽培、食料採集、住居建造、トウモロコシ・ジャガイモの植え付け・収穫、毛皮・生皮からの衣服作製、魚、貝の捕獲・料理、まじない師

まだお迷いなら、ほかにも考えられます。

未来の職業
月面鉱員―いつの日か、月面に鉱山が創業され、そこで鉱物資源を採掘して、地球に送り出す人間が必要になると思われています。
死亡心理学者―高齢化社会になるにつれ、末期患者の相談にのったり、慰めたりする人々への需要が高まるでしょう。
矯正用具製作者―義肢を製作し、障害があったり、手足を切断された患者に着装する専門家です。
電気自動車修理工―環境問題専門家は、電気自動車が未来の車になると予言しています。これらの新しい車は定期的な保全はもとより、バッテリーを再充電してもらう必要があるでしょう。それで電気自動車修理工が必要となるのです。

ずばぬけた少女達

歴史上には、幼くして名声と富を得た女性も存在しました。

作家

首都、ワシントン出身のドロシー・ストレイト（Dorothy Straight）は4歳の時、祖母のために『世界はどうして始まったか』（How the World Begin）と題する物語を書きました。彼女の両親は、これは出版できるのではないかと思いました。まさにその通りでした。ドロシーの本は1964年に出版され、彼女は史上最年少の作家となりました。

ヒルダ・コンクリング（Hilda Conkling）が詩を書き始めたのは4歳の時でした。彼女は毎日詩を書き、毎晩それを母親に読んであげました。母親はマサチューセッツ州のスミス大学で教鞭をとっていましたが、ヒルダが8歳の時に、その詩を雑誌に送り始めました。1920年、10歳の時、ヒルダの詩がまとめられ、『ある少女の詩集』（Poems by a Little Girl）として刊行されました。

フィリス・ホゥィートリィ（Phillis Wheatley）は6歳の時、奴隷としてボストンのある家に売られました。彼女は読むことを教わり、13歳の時までに、最初の詩を書いていました。15歳になると、ラテン語を読むようになりました。彼女はアメリカで詩を出版した最初の黒人女性でした。その詩集『宗教・道徳など、とりとめのない話題をめぐる詩』（Poems on Various Subjects, Religious and Moral）は1773年に出版されました。

エドナ・セントビンセント・ミレイ（Edna St.Vincent Millay）は、文字を書けるようになるとほぼ同時に詩を書き始めました。最初は、本で読んだ詩を書き写していました。間もなく彼女は自分の詩を書く方がもっと楽しいだろうと考えました。その後、詩を書き続けて、1923年には、詩部門でピューリッツァ賞を受賞するに至りました。

アンネ・フランク（Anne Frank）は13歳の誕生日に、日

記で文章を綴り始めました。まだ彼女とその家族がナチの追求の手を逃れて潜伏していた頃のことでした。アンネはひっそりとした暮らしの中で日記を書き続けました。1年後、家族の隠れ家が密告され、全員が強制収容所に送られました。アンネは監禁中に発疹チフスで死亡しました。生き残ったのは父親だけでした。父親は隠れ家に戻り、アンネの日記を発見しました。1947年、彼はその日記を出版しました。今日までに、1,300万部以上が50以上の言語で印刷されてきました。

アンネ・フランク同様、サラエボのズラタ・フィリポビック（Zlata Filipovic）は、13歳のとき戦時日記をつけていました。日記をつけ始めたのは11歳の時でした。最初のページには、学業や誕生日パーティーのことが書かれていました。セルビア人部隊が侵攻してくると、記載事項は爆撃と死の物語に変わりました。ズラタの日記は、彼女の家族のサラエボからの脱出を援助したフランスの出版社によって買い取られました。1994年の春、『ズラタの日記』（Zlata's Diary）はアメリカで出版されました。

アメリカの詩人、グウェンドリン・ブルックス（Gwendolyn Brooks）の処女詩集『アメリカでの幼かりし頃』（American Childhood）は、彼女が13歳の時に出版されました。1950年、彼女は最初のアフリカ系アメリカ人としてピューリッツァ賞を受賞しました。受賞したのは『アニー・アレン』（Annie Allen）ですが、そこにはアメリカで育つ黒人少女の体験を語る詩が含まれています。

ジャニス・イアン（Janis Ian）が異人種間恋愛に関する歌『社会の子』（Society's Child）を作ったのは、13歳の時でした。学校で学生相談係の先生を待つ間に、歌詞とメロディーが頭に浮かんできました。その曲のレコードはミリオンセラーとなりました。16歳の時にはツアーに出るようになり、24歳の時には、10代の孤独を歌った『17歳で』（At Seventeen）という曲で、グラミー賞を獲得しました。

「我らはとても冷静だ。我らは学校を出た。我らは遅くまでひそむ。我らはまっすぐ突き進む。我らは罪を歌う。我らはジンを薄める。我らは6月を飾り立て、我らはすぐに死ぬ。」
グウェンドリン・ブルック（Gwendolyn Brooks）著『豆食う人』（The Bean Eaters）の「我らとても冷静」（We Real Cool）より

エンマ・ラザラス（Emma Lazarus）は、幼年期の大半を家の中でひとりぼっちで過ごす病気がちの子供でした。彼女は熱心な読書家であり、14歳の時に詩を書き始めました。彼女の最初の著作は17歳の時に刊行されました。彼女は『新しき巨像』（The New Colossus）で最も良く知られていますが、その詩は自由の女神像に刻まれています。

ルイザ・メイ・オールコット（Louisa May Alcott）は、家計を助けようと決心して、10代の時に学校で教え、縫い物をし、お手伝いさんとして雇われもしました。彼女は著述に情熱を注ぎ、18歳の時に初めて、詩『日光』（Sunlight）を売り、同じ年（1851年）に、彼女は1編5ドルで短篇小説を売り始めました。彼女は小説『若草物語』（Little Women）で最も有名。

> **女性自身の雑誌**
>
> 『ニュームーン：少女とその夢の雑誌』（*New Moon: The Magazine for Girls and Their Dreams*）
> 8歳から14歳までの25人の少女によって隔月に発行されている。少女たちはミネソタ州、ダルースに住み、そこで記事や絵を描き、世界中の少女から寄せられる記事を編集している。予約したければ下記に申し込まれたし。
> New Moon, P.O. Box 3587, Duluth, Minnesota 55803

画家

フェイド・ガリージィア（Fede Galizia）は、1578年イタリアに生まれました。ティーンエイジャーになったときにはもう一人前の肖像画家でした。彼女はヨーロッパ全域で有名です。

アルテミシア・ゲンティレスキ（Artemisia Gentileschi）は、1593年から1652年までの生涯をヨーロッパで過ごしました。有名な絵画『スザンナと姉達』（*Susanna and the Elders*）を仕上げたのは、ほんの17歳の時でした。

アンジェリカ・カウフマン（Angelica Kauffman）は、1740年、スイスに生まれました。彼女はほんの11歳の時、父と一緒に絵を描き始めました。彼女はビルの装飾画家として、自己の名声を確立しました。ロンドンのビルで、彼女の作品の一部を見ることができます。

女優・歌手・演奏家

シャーリー・テンプル（Shirley Temple）は、1928年に

生まれました。彼女は歩けるようになるのとほぼ同時にダンスを始めました。4歳の時、母親が彼女をダンス教室から映画界に転身させました。最初の映画は『赤髪のアリバイ』(*The Red Haired Alibi*)(1932)でした。6歳の時、映画『輝ける瞳』(*Bright Eyes*)での演技で、アカデミー特別賞を受賞しました。彼女はダンスと歌と演技によって、映画ファンの心を捉え、1935年から1938年にかけて、米国における最も人気の高い女優でした。成長するにつれて、彼女の人気は落ちていきました。1949年に映画出演をやめ、1950年にチャールズ・ブラック(Charles Black)と結婚し、60年代には政界に進出しました。シャーリー・テンプル・ブラックとして、彼女は米国の外交官となり、米国国務省の儀典局局長に任命された最初の女性となりました。

ジュディ・ガーランド(Judy Garland)が二人の姉と共に軽喜劇のショーで歌い始めたのは、7歳の時でした。13歳の時に映画会社と契約を結び、14歳で、『オズの魔法使い』(*The Wizard of Oz*)に主演しました。40年代を通して、彼女はミュージカル、コメディ映画で歌い続けました。1969年、47歳で死去した時、彼女はミュージカル界の伝説上の人物となっていました。2万以上の人が彼女の葬儀に参列しました。

エリザベス・テーラー(Elizabeth Taylor)は1932年、イギリスで生まれました。彼女は10歳の時『いつでも生まれてくる人がいる』(*There's One Born Every Minute*)の端役で女優の道に入りました。12歳の時、『緑園の天使』(*National Velvet*)に主演し、『若草物語』(*Little Women*)の映画版では、エイミィの役を演じました。彼女はその後も女優を続け、大人になってからは二度アカデミー賞を受賞しています。

パティ・デューク(Patty Duke)は13歳の時、『奇跡の人』(*The Miracle Worker*)でブロードウェーでのデビューを果たしました。彼女の役はヘレン・ケラーでした。2年後、

その劇が映画化された時、彼女はアカデミー助演女優賞を獲得しました。

テイタム・オニール（Tatum O'Neal）が『ペーパー・ムーン』（Paper Moon）の演技でアカデミー助演女優賞を得たのは、10歳の時でした。それは史上最年少受賞でした。

ジョディ・フォスター（Jodie Foster）は、子役として多忙な女優生活のスタートを切り、多くのディズニー映画やテレビ番組に出演しました。13歳の時までに、彼女は『タクシー・ドライバー』（Taxi Driver）と『ダウンタウン物語』（Bugsy Malone）のような映画で、複雑な役をものにしました。彼女は女優を続けながら大学を卒業し、1988年『告発の行方』（The Accused）で、1991年『羊たちの沈黙』（The Silence of the Lambs）で、それぞれ主演女優賞を獲得しました。

アンナ・パーキン（Anna Paquin）は、『ピアノレッスン』（The Piano）の演技でいきなりアカデミー賞を獲得するまでは、演技をしたことさえありませんでした。1993年に助演女優賞を受賞した時、彼女は11歳でした。

エセル・ウォーターズ（Ethel Waters）は1900年に生まれました。彼女は5歳の時、人前で歌い始めました。8歳の時、地方巡業の軽喜劇に出演し始めた時は、ベビー・スターとしてポスターに掲載されました。彼女は大人になっても歌手・女優を続け、ブロードウェー劇『結婚式参列者』（The Member of the Wedding）、映画『大空のキャビン』（Cabin in the Sky）に出演しました。彼女の自叙伝は『彼の視線はスズメに』（His Eye is on the Sparrow）。

アメリカのオペラ歌手、ベバリー・シルズ（Beverly Sills）は、1929年に生まれました。3歳の時に、『ボブの虹の時間』（Bob's Rainbow Hour）という週1回のラジオ番組で歌い始めました。17歳の時、彼女の声は20曲ものオペラのアリアを歌えるほどの声域を持っていました。

イギリスの流行歌手、ペチューラ・クラーク（Petula

あと2名の成功した少女女優を紹介しよう。ティーナ・マジョリーニ（Tina Majorini）は、9歳の時に『男が女を愛するとき』（When a Man Loves a Woman）と『アンドレ』（Andre）に出演しました。もうひとりの9歳少女、ゼルダ・ハリス（Zelda Harris）は、『スパイク・リーのクルックリン』（Spike Lee's Crooklyn）に出演しました。

Clark）が『ペットの談話室』（Pet's Parlour）という自分のラジオ番組を持ったのは、11歳の時でした。その番組は1943年、BBCラジオで放送されたものです。

グラディス・ナイト（Gladys Knight）は1944年、アトランタで生まれました。彼女は4歳の時、バプティスト教会で独唱してデビューしました。8歳の時には、全米にテレビ放送された『素人名人アワー』（The Original Amateur Hour）に出演し、流行歌を歌いました。1957年までには、彼女は兄やいとこたちと『ピップス』（Pips）というポップ・グループを結成、それがのちに「グラディス・ナイト・アンド・ピップス」となりました。

アリソン・クラウス（Alison Krauss）がバイオリンを弾き始めたのは5歳の時でした。11歳の時、イリノイ州バイオリン・コンテストで優勝し、15歳で最初のソロ・アルバムをレコーディングしました。17歳までに、この歌手兼カントリー・アンド・ウェスタンのバイオリン奏者は5枚のアルバムを製作し、グラミー賞（年次レコード最優秀賞）を2度獲得し、50万枚以上のレコードを売り上げました。

デイム・アリシィア・マーコーバ（Dame Alicia Markova）は1910年、イングランドでアリシィア・マークス（Alicia Marks）として生まれました。10歳の時、ロンドンのケニントン劇場で、『ディック・ウィティントン』（Dick Whittington）のバレー・ダンサーとして出演。14歳の時までに、彼女は世界的に有名なラッセ・バレー団、サージ・ディアギレフのダンス一座で踊っていました。16歳の時、バランシャイン（Balanchine）の『レローシクノール』（Lerossignol）で主題役を踊りました。マーコーバは1963年バレー界から引退し、バレーの指導と製作を始めました。

アメリカ人の踊り手、ゲルセイ・カークランド（Gelsey Kirkland）は1953年に生まれました。彼女は15歳の時、ジョージ・バランシャイン（George Balanchine）によって見い出され、彼のニューヨーク市立バレー団で踊るよう要請さ

れました。4年以内に、彼女はバレー団のプリマドンナになりました。後年、彼女はさらにアメリカ・バレー団の踊り手となり、ヌレエフ（Nureyev）、バリシニコフ（Baryshnikov）といった大物のパートナーを勤めました。

発議者と扇動者

スーザン・バウンディノット（Susan Boudinot）は、植民地時代のアメリカで最も若い抗議者のひとりとして記憶されています。9歳の時、彼女とその一家はニュージャージーの勅命知事を訪問しました。彼女は1杯の紅茶を出されましたが、受け取ると上体をかがめてお辞儀し、それを窓からほうり投げてしまいました。彼女は植民地アメリカの商人の経済を逼迫させた英国紅茶をボイコットしたのでした。

シビル・ラディントン（Sybil Luddington）は、16歳の時、アメリカ独立戦争部隊に参加し、援軍を得るため、夜陰にまぎれて40マイルを馬にまたがって走行しました。

エイブラハム・リンカーン（Abraham Lincoln）がひげをはやす最初の大統領になったのは、11歳のグレース・ベデル（Grace Bedell）のせいでした。リンカーンが大統領に立候補したさい、彼女は彼に手紙を出しました。そこには「あなたはずっと見栄えがよくなるでしょう、というのもあなたの顔はほっそりしすぎているからです……（人びとは）ほおひげを好んでいますし、彼らは……あなたに投票し、それであなたは大統領になれるでしょう」と書かれていました。リンカーンは当選し、写真に見るように、彼はひげをはやしました。リンカーンを乗せたワシントン行きの列車がニューヨーク州のウェストフィールドというグレースの生まれ故郷に止まった時、彼はグレースに会い、「グレース、ほら、私は君のためにひげをのばしたのさ」と語りました。

「そうさ、バージニア、サンタクロースはいるんだよ」というしばしば引用される文句は、8歳の少女、バージニア・オーハンロン（Virginia O'Hanlon）が書いた手紙への返事

天才とは非凡な能力や才能の持ち主のことです。天才児とは幼い時期に天分を認められている子供のことです。

からきているのです。1897年に彼女は『ニューヨーク・サン』紙の編集者に手紙を書き、サンタクロースが実在するかどうか質問しました。編集長によって書かれたその返事は、同紙の1897年9月21日号の社説に登場しました。そこには次のように書かれていました。「そう、バージニア、サンタクロースはいますよ。サンタはこの世に愛があるのと同じくらい確実に実在しているのです。もしサンタがひとりもいなければ、この世はなんとわびしいものになってしまうことか。バージニアのような少女がひとりもいなくなるのと同じくらいわびしいものとなるでしょう。」

サマンサ・スミス（Samantha Smith）は1985年、10歳のときソ連に招かれて、政府指導者ユーリ・アンドロポフに会いました。サマンサが、ソ連はどうして他の国と仲良くしないのですか、と手紙を出していたからです。その直後、悲しいことに、サマンサはメーン州に戻る飛行機の事故で亡くなりました。

早熟の天才

マリア・ガーエイターナ・アグネシー（Maria Gaetana Agnesi）は、21人兄弟姉妹の長女でした。1800年代にイタリアのミラノに住んでいました。5歳の時に流暢なフランス語をしゃべり、9歳までに、ラテン語、ギリシア語、ヘブライ語をしゃべりました。彼女はアカデミックな集会で、1時間にわたる演説を行ったことがあります。テーマは教育を受ける女性の権利についてで、それはラテン語で書かれ、読まれました。その時、マリアは9歳でした。20歳までに、彼女は微・積分学の大研究を開始していました。彼女はその言語能力を用いて、さまざまな言語の著作を統合し、また、数学の新しい方法論を打ち立てました。

ヘイズル・スコット（Hazel Scott）は1920年、西インド諸島のトリニダードで生まれ、3歳でピアノを弾き始めました。彼女が4歳の時、一家はニューヨーク市へ引っ越しまし

た。ピアノ・コンサートでデビューしたのは、彼女が5歳の時でした。8歳の時に、彼女は6年間の奨学金をもらって、ジュリアード音楽学校への入学を許可されました。当時、同校への就学年齢は16歳でした。13歳の時までに、ヘイズルは天才少女ピアニストと呼ばれていました。1981年、ヘイズル・スコットは古典音楽の演奏、歌唱、演技の生涯を終えて、永眠しました。

　オペラの指揮者兼プロデューサーとして高い評価を受けているサラ・コールドウェル（Sarah Caldwell）は、1928年に生まれました。彼女は4歳の時に、数学と音楽の神童といわれました。10歳の時に、バイオリンのリサイタルを開催しました。彼女が自分のラジオ番組で演奏したのは16歳の時でした。同じ年に、彼女はニューヨーク市のローズランド・ダンスホールで、カウント・ベイシー楽団と共に演奏しました。1957年、たった5千ドルの資金で、彼女はボストン・オペラ団を結成しました。

　ロシアのオリヤ・ザラニカ（Olya Zaranika）が、第2作目の完全なオペラを作曲し終えたのは7歳の時でした。1993年、オリヤが9歳の時、彼女の最初のオペラがモスクワで上演されました。

デートと結婚

世界中でほとんどの人間は結婚します。デートして結婚相手を見つける人もいます。人によっては、あらかじめ選ばれた相手と結婚しなければなりません。デートと結婚の儀式は、しきたりと迷信に取り巻かれていて、世界の文化圏や民族の数ほど変化に富んでいます。

各国のデート情報

ここでは世界各国での10代の若者たちのデートの仕方をいくつか紹介します。

アフガニスタン

アフガニスタンではデートはめったに見かけられません。というのも、ここではほとんどの結婚が親によって取り決められるし、学校は男女別学だからです。出会いのチャンスはめったにありません。少女の門限は午後7時、男子の門限は午後11時です。

オーストラリア

オーストラリアではほとんどのティーンは大集団で遊び歩き、18、19歳になるまでは、1対1のペアを組むことはありません。女の子からデートを申し込むこともし、おごることもよくあります。カップルでディナーパーティーやバーベキュー、あるいはビーチに出かけることもよくあります。

中央アフリカと南アフリカ

デートはここでは15歳までは禁じられています。その年齢に達すると、ほとんどの少年、少女は大集団でデートし、週末のダンスパーティーに一緒に出かけます。ダンスをしない時は、地元のクラブに集まって、食べたり、しゃべったりします。

ヨーロッパ

ヨーロッパでは、デートは通常グループで行ないます。フィンランドでは、30人ほどのグループが一緒に映画に行くこともあります。イタリアとスイスではパジャマパーティーがよく行われています。そこではティーンたちが友人の家に集まり、パーティーが終わるとその家に一晩泊まります。

スペインでは、10代の若者はサイクリングやハイキングのような同じ趣味をもつ友達のクラブもしくはグループ、すなわちパンディラを結成します。デートは1対1で行われ、男

女どちらからもデートに誘い、夕方の遊びの費用は割り勘にします。

ロシアでは、デートはダンスパーティーや10代の若者が友達と食べたり、しゃべったりするクラブで行われます。小都市では、10代の若者は繁華街で会ったり、噴水の回りに集まったりします。

イラン

イランでは、デートは法律で禁じられています。ティーンは結婚年齢に達するまで切り離されていて、その後、家族によって互いに紹介され、場合によってはそのあとに結婚申し込みが行なわれます。

日本と韓国

日本と韓国では、大半の高校生はデートしたり、パーティーに行ったりせず、勉強に時間を費やします。デートは大学で始まり、その場合、男性のみがデートへの誘いを行い、デート費用を負担します。

昔の結婚

原始人の男性が原始人の女性の洞窟に入り、その女を奪って自分の連れ合いにした時に、最初の「結婚」が行われたと信じられています。男は愛のためでなく、仕事の能力で女を選びました。むろん、その時以降、結婚への考え方はかなり大幅に変わってきました。

古代ギリシア人とスパルタ人

古代ギリシアでは、あらゆる結婚は両親によって取り決められ、神々によって承認されました。ローティーンの少女は30代半ばの男性と結婚させられました。当時は、夫は新妻をその父親から買い取らねばなりませんでした。多くのカップルは、結婚式のあと、花嫁のベールが取りのぞかれた時に初めて相手の顔を見たのです。結婚式前夜、乙女の髪は切られ、

神聖な泉からくんできた聖なる水で清められました。そこで彼女の幼時期のおもちゃが取り上げられ、女神に捧げられました。ギリシアの妻は夫の所有物であり、夫は妻を他人に貸したり売ったりすることができました。

　スパルタ人は、個人の運動能力はその結婚適性につり合うと信じていました。結婚する前に、カップルは適合性を示すために、公衆の面前でレスリングするように求められました。スパルタ女性は20代で結婚しました。花婿の父は息子のた

めに花嫁を選びました。選考の12か月後に、そのカップル
は結婚しました。結婚式の間、花嫁は白いローブとベールを
着用し、新郎の家族から与えられた宝石類を身につけました。
儀式は花婿のテントで行われ、祝宴は7日間続きました。女
性が裕福であれば、いくつも持っている家ごとに夫を持つこ
ともできました。

ローマ人

　ローマの花嫁は白いドレスをまとい、オレンジ色のベール
とオレンジ色のサンダルを着用しました。儀式後、花婿は花
嫁を抱きかかえて、新居の敷居をまたぎ、彼女への所有権を
象徴的に表現しました。

中世キリスト教徒

　キリスト教教会での結婚は天国で行われるとされており、
それ故に決して破棄することはできませんでした。花嫁の父
は、花婿に金か土地かで持参金を支払いました。もしその結
婚がうまくいかなければ、妻と持参金は父の家に戻されまし
たが、夫、妻共に再婚は許されませんでした。

古代日本人

　1400年代までの日本では、結婚したカップルは同居して
いませんでした。彼らは別々の家に住み、夜間にのみ会って
いました。結婚に相当する古い日本語は「夜間に家にしのび
込む」(夜這い) を意味していました。

今日の結婚

アマン派の人 (キリスト教新教の一派、ペンシルベニア州な
どに住み、近代文明を否定している)

　アマン派のカップルが結婚を望む際は、男性が牧師に依頼
して女性の両親の承諾を取りつけます。同意が得られると、
その結婚は式の2週間前に公表されます。結婚式は収穫後、
11月の火曜日か水曜日に行われます。花嫁は生まれて初めて、

デートと結婚　83

生涯にただ一度白いドレスを着用します。結婚式では、指輪も写真も花もありません。ハネムーンもなく、カップルは週末に家族や友人と何度か訪問しあい、次の春になって初めて同居することになります。

アラブ人
　アラブ人の結婚は両家の親族によって取り決められます。両家は、嫁入り道具（花嫁が結婚前に購入する洋服だんす）の費用として、花嫁側に支払われる金額について合意します。アラブの花嫁は男を閉め出した昔からの儀式で自分の結婚を祝います。花嫁の髪はヘンナ、つまり深紅の染料で覆われ、肉体は彼女の友人たちによって念入りに着色されます。その後、女たちは全員いっしょにダンスをします。

フランス人
　フランスでは、ひとつのカップルが3度の結婚儀式を行うことがあります。最初は世俗的な儀式であり、市長が仲人となって市役所で行われます。二番目は宗教的なもので、通常、ローマカトリック教にのっとり、牧師によって執り行われるものです。その夫婦が田舎に住んでいる場合には、三番目の式が行われます。この儀式では、村人が花嫁、花婿のために、10コースの宴会を主催しますが、そこでは歌を歌ったり、物語を語ったり、ゲームや乾杯をします。村人たちはなべやフライパンを打ち鳴らして、新婚夫婦に、起こりうる結婚生活のさまざまな困難を思い起こさせるのです。

ドイツ人
　ドイツの結婚式では、新郎、新婦は、リボンと花で飾ったローソクを捧げ持ちます。

ギリシア人
　ギリシアの結婚式では、「コウムバロス」と呼ばれる主賓のひとりが新婚夫妻に冠を被せ、祭壇を3回回ることによって、象徴的身振りで二人を結びつけます。

インド人

　幼児婚は今でも、インドのいくつかの農村地帯では一般に行われていますが、そこでは、7歳児が結婚するのも珍しいことではありません。結婚式当日には、幼い花婿は大勢の友人、親類を引き連れて、馬にまたがり、町に乗りこみます。地元の賢人が結婚式のマントラ、つまり祈りの言葉を唱えます。新郎、新婦は、儀式用のたき火の回りを7回歩き回ります。花嫁は夫の家に出向き、そこで3日間生活します。それから実家に戻り、適齢期の訪れを待ちます。適齢期に達すると、夫と再び結ばれます。

イタリア人

　結婚式後、新婚夫妻は砂糖をまぶしたアーモンドでできたボンボンを振りかけられます。このボンボンは結婚生活の苦さと甘さを象徴しています。

日本人

　日本人カップルは伝統的に仲人、つまり媒酌人によって紹介されますが、媒酌人は通常、知人もしくは親類の誰かです。結納は酒による乾杯、昆布、鯛、扇、絹糸のような贈り物の交換によって行なわれます。日本での最も一般的な結婚式は神式で行なわれます。新郎、新婦は両親、媒酌人と共に、祭壇の前に座ります。神官によって御祓いを受けたのち、新郎、新婦は3つの盃から3回酒を飲みます（三三九度の盃）。新婦は実家との絆の消滅を象徴すべく白無垢姿になります。新婦はまた嫉妬の角を隠すために、角隠しと呼ばれる特別な帽子を被ります。結婚は地元の役場に婚姻届を提出すれば合法となります。

エムブーティ族（グロイドピグミーに属する部族）

　この放浪民族は中央アフリカに住んでいます。エムブーティ族の男は、独力でレイヨウ（羚羊）を捕らえ、女の両親に差し出すことによって、自分の価値を証明しなければなりま

せん。彼はまた木の根、木の実、森の中の最も高い木の梢から取ったランの花といった小さな贈り物を差し出します。カップルは結婚の準備ができると家を建て、一緒に暮らします。彼らは第一子出産3日後に最終的に結婚したことになります。

結婚のしきたり

　米を投げつけたり、ケーキを食べたりする結婚式の伝統のほとんどは、はるか昔に始まったものです。こうしたしきたりにまつわる話をいくつか紹介しましょう。

花嫁衣装

- 結婚式だけに新しい純白のドレスを着用するのは、ほんの150年ぐらいしかない伝統です。それ以前は、ほとんどの女性には、たった一度しか着ない衣装を用意する経済的余裕などありませんでした。
- 白は伝統的に若さと純潔を象徴しています。
- 赤とオレンジ色はアジア、中東では人気があります。喜ばしくおめでたい色とされているのです。

ケーキ

- ウェディングケーキに小麦や穀類を用いるのは、それが豊かさのシンボルであったからです。
- 古代ローマでは、薄いパンが新郎、新婦の頭上で粉ごなにされました。パンくずは幸運の印として、参列者が家に持ち帰りました。
- いく層にもなったウェディングケーキは昔のイングランドに端を発しています。新婚夫妻は積み重ねた小ケーキごしに何度もキスをしました。

キャノピー（天蓋）

- ユダヤ人の結婚式で用いられるキャノピーは「フッパー」と呼ばれています。新郎、新婦とユダヤ教の牧師は結婚式の間、布製キャノピーの下に立ちますが、それは夫婦の将

来の家のシンボルなのです。

花
- 古代ローマの花嫁は貞節のシンボルとして、ベールの下にいく束かのハーブをつけていました。
- オレンジの花は幸福と多産のシンボルです。というのもオレンジは花と実を同時につけるからです。
- バラは愛の花であり、そのため6月は最も人気の高い結婚月となっています。
- 昔のギリシア人はツタを永遠の愛の印だと信じていました。それは今でもウェディングのブーケを飾るのに用いられます。

花持ち少女（結婚式で花嫁の前を進む）
- 花持ち少女は中世の結婚式に登場しました。二人の少女——通常は姉妹——が同じ服装をし、行列の中で花嫁の前に立ち、小麦を運びました。後に花が小麦にとって代わり、花持ち少女が花嫁の足もとに花びらをまくのが慣習となりました。

グラス割り
- ユダヤの結婚式の最後に、白い布で覆われたワイングラスが地面に置かれます。新郎がそれを踏みつぶします。これは古代ユダヤ教寺院の破壊を象徴しています。それは結婚の重大さと、それをひっくり返すことができないことを思い出させるものです。

ハネムーン
- 新婚夫妻が取るこの最初の休暇旅行の起源は、新郎が略奪した妻を隠しておきたいと願った遠い昔に遡ります。
- 古代ドイツ部族、チュートン人がハネムーンと命名しました。結婚式後、月が欠け始めるまで、蜂蜜を飲んだからです。

米の投げかけ
- 米は多産と長寿のシンボル。参列者は子供が生まれることと幸福な生活への願いをこめて、新郎、新婦に米を投げかけます。その他の幸運のお守りには、ボンボン、オレンジの花、コーン、大麦、ヒヨコマメ、それに結婚生活を甘くするイチヂク、ナツメヤシの実などがあります。

指輪
- 婚約指輪の起源は、重要な協定に押印するために指輪を交換した風習に発しています。
- 指輪は丸くて端がないので永遠の愛を象徴します。
- 結婚指輪は左手の薬指にはめられます。というのは、1本の静脈もしくは神経がこの指から心臓まで直接通じていると信じられていたからです。

ベール
- 2千年前のローマの花嫁たちはベールを被っていました。ベールはしとやかさと秘密の印として着用され、結婚式後、夫によってのみ取り除かれるのでした。
- ウェディングベールを着用した最初のアメリカ人女性は、マーサ・ワシントンの娘、ネリー・カスティス（Nelly Custis）でした。彼女は夫となるべき人を喜ばすためにベールを被ったのです。というのも、彼が、レースのカーテンのかかった窓から彼女の姿を見た時の、えもいわれぬ美しさを絶賛したことがあったからです。
- 東洋の国には、結婚式の間ずっとベールで男女の間を隔てるところがあります。これは、結婚式後まで互いに相手を見たり、触れたりできないということを確認するためのものです。

迷信：愛の伝説
　迷信とは、ある物体、ある行為が人の生活に影響を及ぼすと信じることです。民間伝承には、愛や結婚にまつわる迷信

が満ちあふれています。そのいくつかを紹介します。

結婚にまつわる迷信

　花嫁は、何か古いもの、新しいもの、借用したもの、それに青いものを身につけることによって、結婚での幸運を保証されます。

　結婚式当日、新郎、新婦が式の前にお互いを見ると不幸になります。

九月の晴れの日に結婚すれば、
君の生活は豊かで素敵。
十月中に結婚すれば、
愛は訪れても富は手間どる。
寂しい十一月に結婚すれば、
喜びだけが来るという、いいかね。
十二月のにわか雨、しきりに降れば、
結婚と純愛はいつまでも。
月曜日の結婚はお金持ち、
健康目当ては火曜日だが、
水曜日こそ最良なり。
試練のためなら木曜日、
金曜日の結婚、損害招き、
土曜の結婚に幸運全くなし。

愛の迷信

　すぐに恋に陥る間違いのない兆候。
● 階段を登る途中でつまずく。
● 毛深い脚をしている。
● 入浴している夢を見る。
● 手の平の線がMの字をしている。
　新しいボーイフレンドの姿を夢見るためには
● 枕の下に鏡を入れて眠る。
● 裏返してネグリジェを着る。

ジプシーは、最も長い耳をもつラバを見つけ、すぐに恋人が見つかるかどうかを聞きました。ラバが首を振れば、それはイエスだし、片耳を動かせば、答えは「たぶん」だし、ラバが動かなければ答えはノーでした。

デートと結婚

●ライトを消す前に、レモンの皮でベッドの頭板をこする。
● 9 晩続けて 9 つの星を数える。
●夜、ヒナギクを数本、枕の下に入れる。
●ローズマリーの小枝とタイムの小枝を切り取り、それに 3 回水を振りかけ、そのハーブを靴の片一方ずつに入れ、その靴をベッドの足もとに置く。
●鏡の前に立ち、髪に 3 回ブラシをかける。

ファッションとドレス

「本当に自分にフィットし、似合うファッションを選びなさい。自分自身に忠実であれば、また自分自身に忠実である場合にのみ、流行の先端にいられるのです。」
―マヤ・アンジェロー
(Maya Angelou)

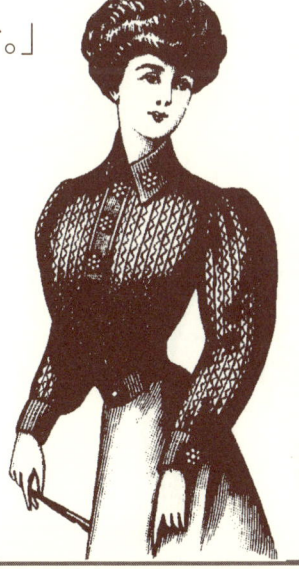

一度流行したものは、また流行する

古いものは何でも（時が経つとともに）また新しくなるものです。ファッションの世界でも、多くの"最先端"のルックスは、以前にも流行したものなのです。いくつかの例を挙げましょう。

ユニセックスの（男女の区別のつかない）服

女性と男性は、何世紀もの間、同じ服を着ていました。古代ローマ人やギリシア人はチュニック（短い上着）を着ていました。だから60年代に流行ったユニセックスの服というのは、実際は新しいものではないのです。また、中国やインド、日本、そしてマレーシアの民族衣装は常にユニセックスでした。中世のある時期に、女性がズボンを脱ぎ、ドレスを着たことから、性別によるファッションが誕生したのです。

レギンス（スパッツ）の上に長い上着（ロングトップ）を着る

80年代に女性の間で流行ったこの格好は、ロビンフッドや彼の陽気な仲間たちに見られるように、15世紀の男性がタイツの上にチュニックを着た格好と同じなのです。

プラットフォーム・シューズ（木・コルクなどを革巻きした厚底の婦人靴）

古代ローマ人は、足を泥や水から守るためにプラットフォーム・シューズを履きました。プラットフォーム・シューズは30年代と70年代、そしてまた90年代にアメリカで復活して流行となりました。

スキンヘッド

古代エジプト人は、男性も女性も髪の毛を剃っていました。ただ今日とは違い、剃った頭にかつらを

つけていました。

ビキニ

1946年にパリで、この上下に分かれたツーピースの水着が発表された時、世の中の人々は、ひどく驚きました。しかし、ビキニはシシリー島にある4世紀のモザイク画の中に描かれています。

トップレス

エジプトの貴族の女性はトップレスでした。彼女たちは、胸から下を包み込み、中央のストラップで固定したチュニックを着ていました。1964年にはトップレスの水着が流行になりました。しかし、アメリカではトップレスの水着を着た女性が公然猥褻罪で逮捕されました。

ウエスト・ポーチ

青銅器時代に、人々は貴重品を入れるため、自分のベルトに袋を取りつけていました。

ボディ・ピアス（体に穴をあけること）

大昔から、耳や鼻、そしておへそに穴を開けることは迷信的な習慣として行われてきました。なぜなら、穴は体から悪魔を追い払うと考えられていたからです。ルネッサンス期のヨーロッパでは、片方の耳だけにイヤリング（ピアス）をすることが流行となりました。

スティック・オン（貼りつけ）飾り

ビューティ・パッチ（つけぼくろ）として知られているスティック・オンの歴史は古代ローマにまでさかのぼります。女性は、星や三日月やハート型に切った粘着布を、頬や額、喉に貼りつけました。中世には、ビューティ・パッチは天然痘の傷あとを隠すために使われました。

ハイ＝トップのスニーカー

このカンバス地のスニーカーは、1930年に最初に流行と

なりました。

ピーコート

　海軍のピーコートは、第二次大戦後、陸・海軍用品の店で最初に売り出されました。それ以来、ピーコートは、1960年代にヒッピー族が着た時期も含めて、周期的に復活してきました。ピーコートは1994年の冬に再び流行の兆しを見せました。

新ファッションのいくつか

1470年　妊娠をかくすために、ポルトガルのジャナ（Juana）女王は、（張り骨で広げた）フープスカートを初めて着た。

1477年　ブルゴーニュのアン（Anne）女王は、ダイアモンドの婚約指輪をもらった最初の女性となった。それはドイツのマクシミリアンⅠ世（Maximilian I）から贈られた。

1922年　最初の「肌色の」ストッキングが、ピンク系ベージュ色の肌をした女性のために売り出された。茶色系ベージュや、黒っぽいベージュの肌をした女性のためのストッキングが売り出されたのは、それから25年もしてからだった。

1938年　ナイロン製のストッキングが考案された。店頭に並べられたのは1940年になってからだった。

1940年　女性用ショルダーバッグは、第二次大戦中の兵役用ユニフォームの一部として初めて世に出た。

1960年代　アクリル製やポリエステル製の模造毛皮が、本物の毛皮そっくりに作られるようになった。

1960年代　紙製の服が一般用に作られるようになった。それらは使い捨てで、下着や子供服として使われている。

1978年　デザイナー・ジーンズがグロリア・バンダービルト（Gloria Vanderbilt）によって初めて作られた。

1980年代　しわしわルックが発表される。しわは、織物やシャツ、ベスト、ブラウス、ジャケット、そしてズボンの上に半永久的に残るようにプレスされている。

1990年代　コンピューターを使って偽ブランド衣料品が作られるようになった。ポロ、ゲス？、ギャップ、バナナ・リパブリック、DKNY、そしてディズニーなどがみなコピーされている。

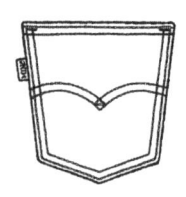

死に至る服装

バージニア・ウルフ（Virginia Woolf）はかつて「私達は洋服に着られているのであって、私達が洋服を着ているのではない」と言った。お分かりのように、これはまさに危険なことなのです。

- 歴史を通じて、水銀や鉛からつくられた化粧品は、顔を醜くしたり、時には人を害して死に至らしめたりしました。
- 古代に流行した毛染めでは、全ての髪の毛を失うことがありました。
- 小さな足が貴族的でまた女性らしいと考えられていたころ、女性は自分の足をかなり小さな靴の中に押し込めました。結果としてそれは、足の骨のねじれやゆがみを引き起こしました。
- きつく締まったコルセットは呼吸や動作を困難にしました。
- フープスカートではドアを通り抜けるのは困難だったし、馬車に乗るのもほとんど不可能でした。そして、フープスカートを着ている人が急いで座ると、フープは舞い上がり、鼻の骨を折ってしまう危険性がありました。
- いく重にも重なったクリノリン（張りを入れたスカート）やフープのせいで、倒れるのはとても簡単だが、起き上がるのはほとんど不可能なことでした。
- ハイヒールは女性を動きにくくし、腫大症（たこ）やうおの目、曲がった足首や脊骨の変形、そしてふくらはぎの筋肉の収縮を引き起こしました。
- 巻いた布を女性の背中につけるという、1900年代に流行した腰当ては、座るのを困難にしました。
- 1915年に流行したホッブルスカートは、膝下がとても狭くなっていたので、歩きにくいものでした。

ファッションの色合い

色彩豊かな世界というは、とても意味深い世界です。なぜなら、人々は色を象徴的に使ってきたからです。こ

ファッションとドレス

こでファッションと色の関係を示す例をいくつか紹介しましょう。

ブロンド

　ブロンド（金髪）は長い間、多くの文化において望ましい髪の色とされてきました。しかし、世界の人口の中でも、生まれつきブロンドの人はとても稀なのです。したがって、古代ローマ人も含めて多くの人が、自分の髪をブロンドにするために髪を漂白していました。1990年代には、ブロンドはアフリカ系アメリカ人の芸能人に共通のものとなり、自分たちの髪をプラチナブロンドに染めました。

青

　シリアでは青は哀悼を表す色。

　また5世紀のヨーロッパでは、妊娠中に伝染病を避けるために、青い色のスカーフを首に巻きました。

　1920年代まで、青は女らしい色だと考えられていました。

　アメリカでは、長い間、青い色は仕事着と関連づけられていました。だからブルーカラー・ワーカー（肉体労働者）という言葉があるのです。

緑

　緑色の服を着ると、静穏と落ち着きがもたらされると考えられています。

　アイルランドの風景には緑があふれているが、緑はこの国のナショナルカラーであり、アイルランドの人々は、緑は幸運をもたらす色であると信じています。

紫

　紫は常に王権を表す色と考えられてきました。おそらくそれは、紫という色を作り出すのがとても困難だったということからきているのでしょう。クレオパトラは、彼女の女王らしい服に使う1オンスの紫色の染料を得るのに、10日間水に浸した20,000匹のカタツムリを必要としました。

ピンク

1920年代以前には、ピンクは男の子のための色だと考えられていました。

ショッキング・ピンクは、デザイナーのエルサ・ジャパレリ（Elsa Schiaparelli）によって名づけられました。彼女は自分の洋服に明るいピンクを使い、彼女の香水をショッキングと名づけました。

赤

メキシコのアステカ人は、スペイン人にコチニールと呼ばれる昆虫をつぶして赤い色をつくる方法を教えました。

17世紀には、貴族が履く靴のほとんどが赤いかかとをしていました。

深紅色（スカーレット）は、元来は織物の名前でした。その織物は圧倒的に明るい赤い色に染められることが多かったので、スカーレットは織物よりもむしろその色を表すようになりました。

白

中国では白は哀悼を表す色。

結婚式の時に花嫁が白い服を着るという伝統は、19世紀になって始まったものです。17世紀や18世紀には、結婚式に白い服を着ることは非難されました。古代ローマでは、黄色が一般的な結婚式での色でした。また中世には、婚礼の服装として決められた色というのは全くありませんでした。

ズボンを履いたのは誰？

● アジアでは、女性も男性も、暖かさと着心地の良さと便利さから、いつもズボンを履いてきました。ローマやギリシアでは、女性も男性もチュニックを着ていました。

● 4世紀には、西洋の女性はペルシア人から取り入れたズ

ボンを履いていました。当時ズボンは男らしくないものと考えられていたのです。
● 中世までには、ヨーロッパでは女性はドレスを着て、男性は膝丈のズボンを履くようになりました。
● フランス革命後、男性は、高いヒールや絹のストッキング、かつらの着用をやめて、ズボンを履くようになりました。
● 19世紀に女性は乗馬のためにズボンを履くようになりましたが、その上に長いスカートを履いてズボンを隠しました。
● 19世紀にボタンを使った前あき部分が作られるまで、ズボンは全て引っ張って履くものでした。
● ジーンズは、女性と男性が普通に履くことができる最初のズボンでした。
● アメリカでは1970年まで、会社や教室やレストランにズボンを履いていくことはお洒落ではなかったし、時には規則で禁じられていました。

衣服の呼び名

バンダナ
　バンダナはヒンズー語で絞り染めを意味する。1700年代にバンダナはインドからイギリスへ輸入されました。バンダナは暗い赤や青の地に白や黄色の斑点がまき散らされている正方形の布で、イギリス人はそれを首巻きやハンカチに使いました。

ファージンゲイル（17世紀ごろ婦人がスカートを広げるのに用いた）
　フープスカートの変形であるファージンゲイルは、スカートを腰から水平に広げるための支えのことでした。フランスではこれと同じ構造のものをパニエと呼びました。

ジャージー

ジャージーは、イギリス海峡のジャージー島で作られたニットのシャツのこと。一般に運動をするときに着ます。

ジャンプスーツ

ジャンプスーツは、ボイラーとかサイレンとも呼ばれますが、このワンピースの服は、第二次大戦中のイギリスで、夜間の空襲の際、ロンドンの明かりを消す仕事をする市民達が一番最初に着たものです。

ネグリジェ

これはかつては男女共に家で着る普段着を意味していました。しかし今では、この言葉は女性用寝巻きだけを意味します。

寝巻き

寝巻きは1500年代に最初に流行しました。それまでは、人々は裸で寝るか、もしくは日中の服装で寝ていました。

ペチコート

小さなコートを意味するペチコートは、一般的にシャツを表す時に使われる言葉でした。しかし、19世紀に入って、ペチコートは婦人用スリップを意味するようになりました。

プレード

プレードはゲール族の言葉で毛布（ブランケット）を意味します。この格子じまの毛織の長い肩掛け（ブランケット）は、寒さを防ぐための外出着としてイギリスの島々で着られていました。

マスク

16世紀の初め、ヨーロッパの女性は寒さから身を守るため、あるいは自分の顔を隠すためにマスクをつけていました。

セーター

セーターもスウェットシャツ（トレーナー）もスポーツ用

のジャージーの名前。激しい運動の後の汗を吸い込むので、大学の運動選手はsweater（sweatは汗の意味）と呼びました。

ワードローブ

　この言葉は初め、服をしまっておく部屋という意味で使われていました。後に、服をかけておく洋服だんすや、服自身をも意味するようになりました。

アンダーウェア（下着）の一部始終

アンダーシャツ（肌着）の始まり

　アンダーシャツやタンクトップは、女性のファッションの自由を真に象徴するものです。女性がスポーツを始めた1800年代半ばに着たことで広められてきました。1880年代後半の自転車の発明は、アンダーシャツが後まで残ってゆくこと

を確実にしました。遠出をするのにアンダーシャツが着られるようになったからです。

　初期のアンダーシャツは、女性の"デリケートな体"を守るためにウールで作られていました。

　シアーズ・ローバック社（Sears, Roebuck and Company）のカタログに登場した最初のアンダーシャツは綿で作られており、アームホールはクロセ編みでかがられ、リボンで飾りつけされていました。

　1900年までに、アンダーシャツはシルクとレースで作られるようになりました。

　1930年代に、女性はアンダーシャツよりもブラジャーを選ぶようになりました。アンダーシャツは子供の服だとみなされました。

　1940年代、1950年代に、アンダーシャツは主として男性が着るようになりました。

　アンダーシャツは、60年代にはヒッピーを代表する過激な衣類となりました。　歌手のジャニス・ジョップリン（Janis Joplin）はアンダーシャツを着て、ビーズのネックレスをしてステージに立ちました。1968年にグロリア・スタイネム（Gloria Steinem）は、アンダーシャツをフェミニストのユニフォームにしました。多くの女性が、ブラジャーに代えて、より着心地の良いTシャツを着始めました。このファッションの変化の象徴として、女性たちはブラジャーをごみの中に投げ捨てました。これはブラ焼きと呼ばれました。

　1980年代のファッションデザイナーは、アンダーシャツを魅惑的な女性の服として復活させました。

　1992年に、アンダーシャツはフォーマルな服として着られるようになりました。

アンダーパンツ（パンツ）

　ヨーロッパの女性は、1900年代初めまではアンダーパンツを着ませんでした。

Tシャツは、以前は下着として着られていました。今では、それだけで着られています。Tシャツと名づけられたのは、短い袖と長い着丈が"T"の文字のような形をしているから。

ルネッサンス時代のフィレンツェでは、メディチ家のキャサリン（Catherine）が、太いウェストは悪い習慣であるとして、13インチにまでウェストを細くする蝶番つきのコルセットを法令として布告した。

ブリーフは男性の下着としてのみ考えられた事もありました。それは女性が下着を着始める1970年代まで続きました。

男性のボクシングパンツ（トランクス）は、1980年代に女性のアウターウェアとなりました。

60年代、アメリカの大学キャンパス内でのパンティ襲撃は、一時大流行となりました。男子は女子寮を襲撃し、アンダーパンツを奪い取りました。

アンダーパンツの他の名前：アンメンショナブルズ（口では言えないもの—unmentionables）、アンウィスパラブルズ（小声でも言えないもの—unwhisperables）、スキャンティーズ（scanties）、アンディーズ（undies）、パンティーズ（panties）、ブルマーズ（bloomers）、ニッカーズ（knickers）、ズロース（drawers）、ステップインズ（step-ins）、インデスクライバブルズ（はっきりとは言えないもの—indescribables）、アンダーピニングス（underpinnings）、インサイドクローズィズ（inside clothes）。

体型矯正（整姿用下着、いわゆるファンデーションのこと）

コルセット

　コルセットやガードルは初め、服の外側につけました。このことは、多くのヨーロッパの民族衣装を見れば明らかです。その一例はババリアの民族衣装です。

　古代ギリシア人がガードルを初めてつけました。彼らはゾーンズ（zones）と呼びました。リネン（亜麻布）またはソフトレザー（やわらかい皮）のベルトを女性のウェストや下腹部に巻きつけ、体の中心を細く見せようとしたのです。

　鉄製のコルセットは1579年に考案され、約10年、女性が身につけました。1700年代に、初の現代的なコルセットがイギリスで作られました。1911年にアメリカで作られた短くて軽いコルセットは、女性がタンゴを踊る際に自由な身のこ

なしをするためのものでした。

ブラジャー

　最初のブラジャー、つまりブレストバンドは古代ギリシア人が身につけていました。マストエイデス（Mastoeides）と呼ばれ、"胸のような形をしている"という意味でした。

　しかし、1840年になると、バスト矯正ブラ、つまりパッドつきブラが人気となりました。それらのブラはフォールシーズ（falsies―乳パッド）、キューティーズ（cuties）、胸の友（bosom friends）、ろう製の胸（ワックスンバズム―waxen bosoms）、レモンラブズ（lemon loves）、空気入りブレスツ（pneumatic breasts）と呼ばれました。

　1935年になって初めて、カップとバンドのサイズ別にブラが作られるようになりました。イギリス人はカップのサイズをジュニア、ミディアム、フル、ワイドウェストつきフルと呼びました。

　ストラップレスブラ（紐なしブラ）が紹介されたのは1938年で、1950年代にはポピュラーになりました。

　1950年代にセーターガール・ブラが作られました。そのカップは、先端がとがった形になり、アイスクリームコーンによく似た形をしていました。

もし靴がフィットしたら、いや、たとえフィットしなくても履いてみよう。

　女性のファッションは長い間、小さくて上品な足をハイヒールに閉じ込めてきた。それは歩きにくく、時には歩けないほどだった。80年代、90年代に男女共にスニーカーと作業用長靴を履くようになり、女性の足はファッショナブルな束縛から解放された。

履きものにまつわる事実

● サンダルは暖かい気候の地域から生まれました。足の裏は保護しなければならないけれど、足先は涼しくなければな

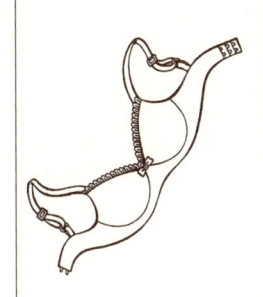

りません。
- 4000年以上も前、足を守り、暖かさを保つため1枚の生皮で足を包む、初の靴が作られました。
- ヨーロッパでは11世紀から15世紀にかけて、爪先のとがった靴が流行しました。
- 中東では、熱い砂から足を離すためにヒールが靴に取りつけられました。
- 16、17世紀のヨーロッパでは、ヒールはいつも赤く塗られていました。
- 19世紀、フィラデルフィアで左足と右足用の靴が初めて作られるまで、世界中の靴は左右同じでした。
- ヨーロッパでは18世紀まで、女性用の靴と男性用の靴に違いはありませんでした。
- 17世紀のヨーロッパでは、6インチハイヒールを上流階級の人々が履きました。ハイヒールを履くのに二人の召使いが両側で支えなければなりませんでした。
- 1916年にスニーカーが初めてアメリカで作られました。初めは「ケッズ」(Keds) と呼ばれていました。
- ブーツが初めて履かれたのは、馬に乗って生活する人々の住む山岳地方や、暑い砂漠でした。ブーツのヒールは馬のあぶみにかけられた足を安全に守ってくれました。
- 1840年、ビクトリア女王のために、初めて女性用ブーツがデザインされました。

シンボルとしての靴

- 聖書の時代には、サンダルは、誓いの印として与えられていました。
- 中世には、靴のセレモニー (shoe ceremony) で、父親が娘の監督権を娘の夫へと引き渡す儀式がありました。結婚式に花婿は花嫁へ靴を手渡し、花嫁はそれを履いて花婿の

カナダのトロントにあるバーター靴博物館は、北米で唯一の靴の博物館である。そのコレクションは、靴作りの一家のソーニア・バーター (Sonja Bata) によって集められた。4500年にもわたる靴や靴に関する工芸品を呼びものにしている。
Bata Shoe Museum
131 Bloor Street
West Toronto, Ontario, M5S 1R1

家のものとなったことを示しました。
- 現代のアメリカでは、結婚したカップルの車のバンパーに靴を結びつけます。保護者が変わるシンボルとして、父親が娘の靴の1つを花婿に渡す習慣の名残りなのです。
- 中国では、花嫁の赤い靴が屋根から投げられます。結婚した二人の幸福を確かなものにするためです。
- ハンガリーでは、花婿が花嫁のウェディング用の靴で花嫁のために乾杯します。

帽子で仕上げをする

- 「帽子は全てを変える」。これは1930年のアメリカの広告文です。何世紀もの間、伝統の中で帽子と女性の地位は深く関係していました。既婚女性と母親は、世間体の印として帽子で頭を隠すことが必要とされました。未婚女性は帽子は被りませんでした。頭に被るものは権力の印でもありました。王族が冠を被り、種族の長が羽のついた頭飾りをつけたように。今日では帽子はレジャー用の飾りとなりました。20年の空白ののち、帽子は若く現代風なスタイルを伴って復活しています。
- ボンネットとキャップとハットの違いは何でしょうか？ ボンネットはうしろに縁がなく、たいてい、つけひもをあごの下で結びます。キャップは頭にしっかりフィットし縁はない。でもたいてい、まびさし（つば）がついています。ハットにはさまざまな形があります。
- 18世紀の女性は、屋内外を問わず帽子を被っていました。浴槽の中でさえ、ベインヤーズ（水浴する人）という帽子を被っていました。
- 「帽子につけた羽根」（立派な業績）という表現は、アメリカ・インディアンが頭飾りのために鳥の羽根を手に入れた、という伝統からきています。捕まえた鳥から何本かの羽根を抜くと、放してやりました。

帽子ピンは、大きい麦わら帽子がずれないようにするために使われていたが、同時に抱きつき強盗から身を守る武器として使うこともできる。

90年代のおもしろい帽子
- ベルベット・フロッピーズ
- 羊毛のグランジ・キャップ
- ファンキー・フェルト・フェドラス（素敵なフェルト製の中折れ帽）
- パーキー・トリルビー（気取った中折れ帽）
- 寒い日用のバラクラバ帽（目出し帽）
- ベースボール・キャップ（うしろ向きに被ったまともなベースボール・キャップ）
- ドクター・スース式のストッキング・キャップ（先にふさのついた先細の長い毛編み帽）

ファッションとドレス

「頭に被るものは何でも、そのすぐ下にある精神のあらわれである」
―アリソン・ルーリー（Alison Lurie）
『衣服についての用語』
(The Language of Clothes) より

集めた羽根は勇敢な行為の象徴でした。
- 20世紀になると、帽子を鳥の羽根で飾るファッションはすたれました。そのために大量の鳥が殺されたからです。これは、象牙を取るために近年象を殺しているのと同じことです。

現代の奇妙な帽子作り
- 美術作家サルバドール・ダリは、1930年、ヒールが上を向いている逆さまの靴のような形をした婦人用帽子をデザインしました。また、「狂った帽子」という名前の、山の頂上のような形の帽子も作りました。
- デザイナーのスティーブン・ジョーンズは、サニーサイドアップの目玉焼きの皿をのせたフェルトの帽子を作りました。また、水切りボウルをひっくり返しただけの帽子も作りました。
- デザイナーのアンナ・スイは、頭のてっぺんに熊の頭がのっているだけの、テディベア帽を作りました。

帽子の命名
下記の帽子は、それぞれの形にちなんでそれにぴったりの名前がつけられている。

- 会話帽（つばの一方は折り返され、もう一方は前に引っ張り出されている）
- 蜂の巣ボンネット（あごひもで結ぶ帽子）
- ピルボックス（ふちなし円型丸帽子）
- クロシェ（フランス語でベル――つりがね型婦人帽）
- ポークパイ（つばつきソフト帽）
- ターバン（形がターバンに似ている）
- ストッキングキャップ（ふさつき毛糸帽）

メーキャップのすべて
　男も女も、いつの時代にも、紅、パウダー、染料、香水などを用いて、髪や顔や身体を飾ってきました。大昔から、色鮮やかなメーキャップによって、敵を驚かしたり、社会的地位を表現したり、宗教的儀式や成人儀式を行ったり、魔術を行ったり、皮膚や目を防御したりしました。

化粧品の歴史をのぞいてみる
紀元前1000年のエジプトとローマ
- 男も女もほお紅、口紅、マニキュアを使いました。
- 砂漠の強い日差しから目を守るために、黒と緑のアイシャ

ドーを使いました。
- 女性は血管をたどるように青い染料で皮膚に線を描きました。
- マスカラ、眉ずみ、アイライナーにコール墨（通例アンチモニーの粉末）を使いました。
- 身体の保湿剤にごま、オリーブ、パームやし、アーモンドの油を使いました。
- 香水は、じゃこう、タイム、ミルラ（アラビア、東アフリカ産の樹脂）、乳香（南アジア、アフリカ産のカンランの一種）から作りました。
- ヘアダイは、ヘンナ（エジプト産の低木。芳香のある白い花が咲く）、黒牛の血、暖めた油につけたつぶしたおたまじゃくしなどから作りました。
- 最初のメーキャップ美白効果材は、蟻の卵をつぶしてドーランに混ぜて作りました。
- ローマ人は、クロコダイルの糞を泥浴に、大麦の粉とバターを吹き出物に、羊の脂肪と血を爪磨きに使いました。
- ローマの男女はよく髪をブロンドに染めました。その染料はとても腐食性が強かったので、髪の毛を失い、かつらを被らなければならない人が少なくありませんでした。
- 中世のヨーロッパの上流社会では、女性は顔を白く塗るか、身体から実際に血を抜いて顔色を白くしました。
- 中国と日本では、顔を白く塗るために米の粉を使いました。眉毛は抜き、歯を黒か金色に塗りました。
- 中世ヨーロッパでは、つけぼくろには意味がありました。星、ハート、十字などの形に切り抜いた粘着力のある生地は、以下のようにして肌につけました。口の右につけると

アメリカで最初に口紅が作られたのは、1915年のこと。1925年にはキスしても落ちない口紅ができた。60年代の色は紫、70年代には白が流行した。

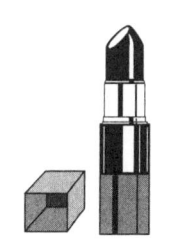

ファッションとドレス

その女性は浮気性、右のほほにつけるとその女性は既婚、左のほほは婚約ずみ、目じりにつけるとその女性は情熱的だということを意味しました。
● エリザベス朝のイギリスでは、赤く染めた髪が流行りました。女性はまた、しわを取り除くために、薄切りの生牛肉を顔に貼って寝ました。
● イギリスのビクトリア朝時代には、ヨーロッパの男性は香水や、化粧品を使うことをやめました。

手袋

● 昔は、手袋は働く手を守るために使いました。
● 中世では、手袋は富と権力を表しました。一般の人はミトンをはめました。
● 19世紀の上流階級の男女は、屋内外を問わず手袋をはめました。日中の屋内では黒い絹の手袋をはめました。夜、外出するときは白でした。

多くの社会慣習には手袋はつきものでした。
● あやまちや犯罪の罰として、手袋を引き渡しました。
● 結婚式では、手袋は記念品として配られました。
● 鎧を着たナイトは、試合の時、魔除けとしてヘルメットの中に手袋を入れました。手袋は愛する人のものでした。
● 手袋は担保品として用いられました。
● 手袋は、挑戦するとき、地面にたたきつけられました。

抵抗と生き残りのための男装

「流行の衣装を身につけるのは厄介きわまりないことで、女性はつい気分を損ね、とても愛想よくなどしていられません」。こう書いたのは、南北戦争当時外科医でありジャーナリストでもあったメアリー・エドワーズ・ウォーカー（Mary Edwards Walker）でした。19世紀の女性の衣服はばかげているし非人間的だと思ったウォーカーは、いつも男性の服を着ていました。ほかにも男性の服を着ていた有名な人をあげ

ましょう。男装をしていた人のほとんどが、男性優位の社会で自分の夢を実現させようとしていたことは明らかでしょう。

アグノディス（Agnodice）は女性初の婦人科医として知られています。紀元前4世紀のギリシアの人ですが、医学の授業に出席して医者を開業するためには男装しなければなりませんでした。しかし、女性であるのに不法に医者を開業したとして告訴され、有罪になりました。

ジャンヌ・ダルク（Joan of Arc）は、男装をして、フランス王にその軍をひきいて戦場に行くことを納得させました。彼女は反逆罪だけでなく、ローマ・カトリック教会にそむく男装をしたかどで裁判にかけられました。そして火あぶりの刑にされました。

イギリスの海賊メアリー・リードは、母によってはじめ男の子の服装をさせられました。祖母が男の孫にだけに経済援助をすると言ったからです。メアリーは、のちに男装をして船乗りになりましたが、陸軍や騎兵隊にも入りました。結婚すると女装をしましたが、夫が亡くなるとまた男装をして船乗りになりました。

デボラ・サンプソン（Deborah Sampson）は、独立戦争の時、男装して、ティモシー・ゼアー（Timothy Thayer）という名前で軍隊に入りました。女性であることが見つかって軍隊を追放されると、ロバート・シャートリフ（Robert Shurtleff）という名前で再入隊しました。そして戦闘でけがをした時、看護婦によって女性であることが見つかりました。

19世紀の大作家ジョルジュ・サンド（George Sand）は、アマンディーヌ・オーロール・ルシー・デュパン（Amandine Aurore Lucie Dupin）として生まれました。ティーン

ファッションとドレス

アグリー（「醜い」という意味もある）という単語は、女性の帽子の前につけた日除けの名前。アグリーは日光から目を守った。

エージャーになると、その自由な心から男装をするようになりました。19歳で結婚すると子供を二人もうけました。27歳で家庭を捨てるとパリに行き、ジョルジュ・サンドのペンネームで最初の小説を出版しました。

ファッション短信
——アメリカの10年ごとの女性ファッションの移り変わり

1900年代
- タイトカラー
- ダスターコート（泥道を初期の自動車で走るとき、服を汚れから守るために着た長く軽いドライブ用コート）

1910年代
- トレンチコート
- スニーカー（最初はスポーツシューズで、運動の時と日中だけ履いた。夜履くことはなかった。）
- Vネックのセーター

1920年代
- クロシェ（つばの小さい、すっぽりと頭を包むベル形の帽子）
- Tストラップシューズ
- フラッパースタイルのカクテルドレス
- ショートスカート
- 断髪

1930年代
- ナイロン製のストッキング
- ウールニット製ワンピース水着
- ホステスガウン（女性の部屋着）
- 肩パッド

1940年代
- ロールアップしたブルージーンズ
- アイゼンハワージャケット（第二次世界大戦中、アイゼンハワー将軍が初めて着たポケットつき戦闘用ジャケット）
- スラッピー・ジョー・セーター（だぶだぶの特大サイズのセーター）

1950年代
- カプリパンツ（細身のふくらばぎ丈で裾のサイドにスリットが入ったパンツ。最初、イタリアのカプリではかれた。）
- オートバイ・ジャケット
- ペダルプッシャーズ（女性、女の子用のふくらはぎ丈スラックス。もとは自転車に乗る人々がはいていました。）
- 巻きドレス
- 飾りボタンやラインストーンつきのフラットシューズ
- プードルスカート（プードルのアップリケがついたフェルト地のスカート）
- ペチコートつきのゆったりしたスカート
- ベビードール・パジャマ
- かたひもなしのイブニング（ロング）ドレス

1960年代
- ユニセックスな服装
- ミニスカート
- キャットスーツ（体にぴったりした黒いつなぎ）
- メッセージ入りTシャツ
- 黒いスウェードのぺったんこ靴
- リボンつきバレエシューズ
- ゴーゴールック（ディスコのゴーゴーダンサーたちから始まったスタイルで、白のプラスチックかビニール製ブーツ

ファッションとドレス 111

にミニワンピース）
- ファッションではなく防寒のためのタイツ
- パンティーストッキング
- プアボーイセーター（身体にぴったりしたセーター）

1970年代
- タンクトップ（ノースリーブのTシャツ）
- Tシャツとセーターの重ね着
- トラックスーツ（陸上選手が競技の前後に着る）
- ロゴ入りTシャツ
- パンツスーツ
- ホットパンツ（新聞『日刊女性衣類』（*Women's Wear Daily*）が名づけた、女性を"ホット"に見せるという、とてもタイトで短いショートパンツ）

1980年代
- パワースーツ（歴史上初めて、男物仕立てのビジネススーツを、専門的分野の職場で働く女性が多数着用した。）
- スパンデックス（85％以上のポリウレタンを含む弾性合成繊維）のバイクショーツ
- ウェストポーチまたはファニーパック

1990年代
- テリークロス（タオル地）ジャケット
- メタリックな人工皮革または明るい色のスウェード素材の革紐製サンダル
- イブニングウェア用スニーカー

- 大きめサイズのセーターとレギングスの組合せ
- 光るスニーカー
- エプロンドレス
- コーチ用ジャケット
- 有名、高級な土地の郵便番号Tシャツ
- プラットフォームスニーカー（厚底スニーカー）

女性の名を被せたファッション

ベッツィー（Betsy）

　ベッツィーは何列ものレースがついたひだ飾り、あるいは衿のこと。イギリスの女王エリザベスⅠ世（Queen Elizabeth I）から名づけられました。

ブルーマーズ（Bloomers）

　ブルーマーズはアメリア・ブルーマー（Amelia Bloomer）にちなんで命名されました。彼女はフェミニストで、動きやすいよう、女性にブルーマーを身につけることを奨励しました。ブルマーコスチュームは、トルコ風ズボンとシンプルなフレアースカートでできていました。ブルーマー自身がブルマーコスチュームをデザインしたわけでも、初めて着たわけでもありませんが、アメリカとイギリスでブルーマーズを身につけることを促進しました。彼女が自分の雑誌で大きく取りあげた後、女性は自転車に乗るためにそれを着用し始めました。

ジャージー・リリー（Jersey Lily）

　これはプリーツスカートの上に着用するウールのジャージーブラウスです。この着方はジャージー・リリーとして知られる1880年代のイギリス女優、リリー・ラングトリー（Lillie Langtry）の名を取ってつけられました。

ジュリエット・キャップ（Juliet Cap）

　これは小さなぴったりフィットする帽子で、通常真珠をつ

けたレースで作られています。シェークスピアの有名な『ロミオとジュリエット』(Romeo and Juliet) のヒロイン、ジュリエットの名を取ったもので、今日では、花嫁衣装、あるいはその他のフォーマルな衣装の一部として着用されます。

ミランダ・パンプス (Miranda Pump)

これはカーメン・ミランダ (Carmen Miranda) というエンターテイナーの名からつけられた、かかとの広がった上げ底の靴。彼女は1930年代から40年代にかけて人気のあった映画スター。

マザー・ハバード (Mother Hubbard)

これはゆったりしていて肩の部分だけ身体にフィットしている、家事をする時に着る服。童謡に出てくる女性の名前を取ったもので、彼女の食器棚は空っぽだったという。

パラタイン (Palatine)

これは首のまわりにまとう、レースあるいは毛皮でできた小さな肩掛け。女性の服装を控えめにしようと努め、この肩掛けを1676年にドイツからフランスにもたらした、パラタイン伯のプリンセス・シャーロッテ (Princess Charlotte) から名づけられました。

ポカホンタス・ドレス (Pocahontas Dress)

これはビーズや縁飾りのついたスウェードあるいはバックスキンの服のことで、アルゴンキン・インディアンの酋長の娘、ポカホンタスの名を取って名づけられました。

ポンパドール (Pompadour)

18世紀、ポンパドール夫人 (Marquise Pompadour) (ルイ15世の愛人) の名を取った前髪をふくらませた髪型のこと。

あの懐かしのスタイル

ギブソン・ガール（Gibson Girl）
　1900年代初頭に、チャールズ・ダナ・ギブソン（Charles Dana Gibson）によって創られた人気のスタイル。ギブソン・ガールはアスコットタイを首に巻き、床まで届く長さのスカートをはき、糊のきいたきっちりしたシャツブラウスを着ていました。その腰のくびれた姿で、アメリカ初のピンナップガールになりました。

フラッパー（Flapper）
　1900年代、アメリカのフラッパーが初めて登場しました。ショートヘアーとヒップからひざにかけてプリーツのひだ飾りのついた袖のないシュミーズドレスを着ていました。外観を完璧なものにするために、何重もの真珠を首にまき、クローシュハット（つり鐘形婦人帽子）を被りました。

ボニー・アンド・クライド（Bonnie and Clyde）
　映画『俺たちに明日はない』（*Bonnie and Clyde*）から思いついた服装。1930年代のピンストライプの「ギャングスター」ジャケット、ひざ上丈のスカート、はすに被ったベレー帽などからなるボニー・パーカー（Bonnie Parker：映画の情婦の名前）の服装のこと。

アイビー・リーガー（Ivy Leaguer）
　この服装は1950年に初めて登場し、東部の名門大学の学生が着ました。ボタンダウンの衿がこのスタイルのトレードマークです。

グラニー（Granny）
　これは1960年代にティーンエイジャーの少女によって始められた、既成の価値観を破る服装のこと。おばあさんたちが着ても大丈夫なほど、ぱっとしない、長くてだらしのない流行遅れのような服装。

ヒッピー（Hippie）

ファッション反乱として始まった1960年代の服装。絞り染めのシャツ、古いジーンズ、黒いタイツ、ビーズのネックレス、そして平和のシンボルをつけていました。ヒッピーはフラワーチャイルド（愛、平和、非暴力の印として花を身につける若者）としても知られていました。

アニー・ホール（Annie Hall）

だぶだぶのズボン、あるいはシャリースカートをはき、なるべくコーディネートされていないように見せかけました。このような服の着方は、1970年代のダイアン・キートン（Diane Keaton）主演の同名の映画から思いついたもの。

プレッピー（Preppie）

この保守的なスタイルは1980年代、教育のある、裕福な、都市に居住するアメリカ人に好まれました。高級なニーソックス、サドルシューズは必需品であり、私立高校（裕福な家の子弟のための大学進学学校）の生徒、あるいはその卒業生が着ている服のまねをしていました。

頭のてっぺんからつま先まで

ファッションの中には、影響力のある女性が自分の肉体的欠陥を隠そうとして創ったものもあります。例えば15世紀のロングスカートは、フランスのルイ11世の娘の足を隠したいという願望によるものです。そして、女王エリザベスI世はひょろ長い首を隠すために高い衿をつけて、その人気を高めるのに一役買いました。200年前の若い女性は、頭のてっぺんからつま先まで被い隠すことを望まれていました。正確に言えば12枚重ねです！ どんなにか時間がかかった

ことでしょう。その重ね着ルックを紹介しておきましょう。

1. フリルのついた肌着
2. たくさんボタンのついたボディス（婦人用胴着）
3. ストッキングを止めるためのガーターベルト
4. 長いストッキング
5. 胴着にボタンで取りつける長いアンダーパンツ
6. 靴
7. 赤いフランネルのペチコート
8. 糊づけされたペチコート
9. ドレス
10. エプロン
11. 髪のリボン
12. ボンネット（帽子）

1800年代には、コルセットに抗議し、自分自身も、また娘たちにもゆったりしたぶかぶかの衣服を着させる女性がいました。そうした人たちの中でも有名なのは、詩人、クリスティーナ・ロセッティ（Cristina Rossetti）と作家、E・ネスビット（E. Nesbit）です。

女性デザイナー

　ファッションデザイナーとは、ファッションの流行を創り出す人たちです。フランスのマダム・パキン（Madame Paquin）は「高級裁縫」を意味するオートクチュールに取り組んだ最初の女性でした。オートクチュールは今日では「高級ファッション」を意味しています。マダム・パキンは、1891年にパリに自分の店をオープンしました。彼女の専門は金や毛皮で飾りつけた優雅なイブニングドレスでした。彼女はドレスメーカーの人台、つまりマネキン人形を用いて自作を展示した最初の人物でした。

　アメリカの社交界の名花、メアリー・ジャコブス（Mary Jacobs）は、女性の下着にいくつかのきわめて重要な変化を与えた人でした。1913年、メアリーは肌着の必要な高価なイブニング・ドレスを購入しました。コルセットをつけるのがいやだったので、彼女は2枚の白ハンカチ、1本のピンク

のリボン、1本の紐からバックレス・ブラを作りました。彼女の創意工夫を友人がほめると、贈り物としてそのブラを進呈しました。1914年、最初のバックレス・ブラジャーに対し、特許が与えられました。その直後、1,500ドルで彼女の特許権を購入したいという申し出をワーナー・ブラザーズ・コルセット社から持ちかけられ、彼女はその提案を受け入れました。それ以来の特許料の累計は、2千万ドル以上と推定されています。

ジーン・ランバン（Jean Lanvin、1867-1946）はゆったりしたシュミーズ風のフラッパー・ドレスを創ったことで有名です。彼女のランバン社（メゾン・ド・ランバン）は、1920年代ファッションの基準を打ち立てました。

ガブリエル・"ココ"・シャネル（Gabrielle "Coco" Chanel、1883-1970）は20世紀の最も重要なデザイナーとされています。彼女は小さなブラックドレス、セーターのセット、プリーツスカート、三角形スカーフ、模造真珠ネックレスなどを導入しました。ファッション素材として、ニットジャージーを使用した先駆者でもあり、世界初の合成日焼けローションを製造しました。さらにシャネルNo.5という独自の香水を販売しました。ココ・シャネルはその道の天才でした。彼女は普通の衣服に手に入れて、それをニュー・ファッションを主張するものに変えることができました。彼女は、黒を喪服の色から優雅な色に変えてしまいました。シャネルは、女性が自らそれと気づく前に女性の着たがるものを知っていたと言われています。

エルザ・スキャパレリ（Elsa Schiaparelli、1890-1973）は、革新的でエレガントな服のデザインで有名になりました。1930年代の彼女のドレスとスーツは、角ばったパッドの入った肩で女性の容姿を変えました。彼女はスポーツウェアにセパレーツを考え出しました。また、ジッパーや男ものの毛織物をファッションに使うことを考え出した最初のデザイナーでもあります。ミズ・スキャパレリは、強烈で鮮やかな色

シャネルの香水No.5は、ココのラッキーナンバーの5番からつけられた。彼女は1883年8月5日に生まれた。

使いによっても知られています。

　マリー・クアント（Mary Quant、1934- ）は、彼女の突拍子もないスタイルでファッションの世界を大混乱に陥らせました。彼女は1960年代のモッズルックとミニスカートの両方を創り出したとされています。ミズ・クアントは1966年、ファッションへの貢献によって大英帝国勲章を受賞しました。彼女はミニスカート姿で授賞式に出ました。

　ダイアン・フォン・フルステンバーグ（Diane Von Furstenberg、1946- ）はすでに古典になっているVネックのジャージ巻きつけドレスを創作しました。1970年代には、このドレスを毎週20,000着売りました。

　リズ・クレイボーン（Liz Claiborne、1929- ）は、スポーツウェアで名を馳せました。彼女の強みは、流行を着やすく売りやすい衣服に取り入れた点にあります。

　ドナ・カラン（Donna Karan、1948- ）は、ボディスーツを出して一躍有名になりました。ボディスーツをスカートとブラウスの下に着ればできあがりです。カランのコレクションは、小ぎれいで近代的、広い層の人々に着られています。その会社DKNY（Donna Karan New York）は、ブレザー、幅広ズボン、あかぬけした外観の古典的スポーツウェアでよく知られています。

女の子のおしゃべり

おしゃべりは楽しい。私たちは電話でしゃべり、授業中もしゃべり、ひとりごとを言い、何かを褒めそやしたり、誰がこう言った、彼がこう言ったなどとしゃべります。この章の中には、みなさんのしゃべる価値のあることがたくさん入っています。

若い女性について

「若い女性に、ただきれいに見えるとか、社会で行儀良くしているといったこと以上のものを期待しているということを感じ取ってもらいたい。——世界はその能力を必要としており、すでにそれを求めていること——を彼女らに教えよう」
アメリカの教育者、アンナ・ジュリア・クーパー（Anna Julia Cooper 1868-1964）

「大人にとって、15歳半の少女はまだ子供です。でも、その少女にとっては、自分は年を取っていて、十分に本物なのです。つまり、今までより、未来より、はるかに本物なのです」
マーガレット・ウィダマー（Margaret Widdemer 1880-1978）著『板張り歩道』（*The Boardwalk*）より

「女子が本当に学びたいと思えば、学ぶだろう。それには困難が伴うが、女子は困難に生まれついているのだ。それを避けるわけにはいかない」
アメリカの天文学者、マリア・ミッチェル（Maria Mitchell 1818-1889）

「女性は男性が発明した文化的な掟を強化する」
アメリカの労働運動指導者、作家、クローディア・ドライファス（Claudia Dreifus 1944- ）

「人は終生、後ろ向きにダンスしてはいけないという考えが私の心に浮かんだのは、私が13歳で白い手袋をはめ、メリージェーン（エナメル革製の少女用ローヒールの靴）をはき、ダンス教室に通っていた頃であった」
米国政府高官、ジル・ラッケルショース（Jill Ruckelshaus 1937- ）

「女の子はそれほどいい子でいなければならなかったの」とローラが聞くと、ママは答えた。「もっと辛かったのよ。だって、日曜日だけでなくいつも小さいレディみたいに振舞わなければならなかったから。女の子は男の子のように坂を滑り降りることなどできなかったわ。女の子は家で坐って、刺

繍見本に針を通していなければならなかったのよ」
ローラ・インガルス・ワイルダー（Laura Ingalls Wilder）
著『大きな森の小さな家』（*Little House in the Big Woods*）
1932年より

その言葉の発言者は誰？

「パンがなければ、ケーキを食べさせなさい」
フランス王妃、マリー・アントワネット（Marie Antoinette）
1770年

「私のロウソクは両端で燃えている」（同時にいろいろなことをやろうとして精力を消耗しているの意味）
アメリカの詩人、エドナ・セイントビンセント・ミレイ（Edna St. Vincent Millay）

「笑ってごらん、そうすれば世界中があなたと一緒に笑うでしょう。泣いてごらん、そうしてもひとりで泣くだけだよ」
アメリカの詩人、エラ・ウィーラー・ウィルコックス（Ella Wheeler Wilcox）

「いいものはいくらたくさんあっても素晴らしいものだ」
アメリカの俳優、メイ・ウエスト（Mae West）

「私は今年の流行に合うよう自分の良心を切り詰めることはできないし、そうするつもりもない」
アメリカの作家、リリアン・ヘルマン（Lillian Hellman）

「私はひとりになりたいなんて絶対に言わなかったわ。ただ、じゃましないでと言っただけよ。全然意味が違うじゃない」
アメリカの女優、グレタ・ガルボ（Greta Garbo）

「私は馬と騎手の二役だった」
アメリカの詩人、メイ・スウェンソン（May Swenson）

キャッチフレーズ

キャッチフレーズとは、現在幅広く用いられているスローガンないしは表現のこと。
「失われた世代」
アメリカの作家、ガートルード・スタイン（Gertrude Stein）
「虹の一族」
アメリカの歌手、ジョセフィン・ベーカー（Josephine Baker）
「しゃべっていいかしら」
アメリカの喜劇女優、ジョーン・リバーズ（Joan Rivers）
「ウーマンリブの同士関係は強力よ」
アメリカの活動家、キャシー・サラチャイルド（Kathie Sarachild）

「家庭は一日にしてならず」
アメリカのラジオ・パーソナリティ、ジェーン・エース（Jane Ace）

「男のいない女は自転車なんかいらない魚と同じなの」
アメリカの作家・フェミニスト、グロリア・スタイネム（Gloria Steinem）

「人殺しは悪いことだと証明するために人を殺そうとしている人々を我々はなぜ殺すのか」
アメリカの政治活動家、ホリィ・ニアー（Holly Near）

「ゴシップは抑圧された者たちの阿片である」
『飛ぶのが怖い』（*Fear of Flying*）の著者エリカ・ジョング（Erica Jong）

「私、ママにブラジャーがほしいと言ったばかりです。神様、私が大きくなるのを助けてください。どの部分かわかるでしょう。」
ジューディ・ブルーム（Judy Blume）作『もしもし神様ですか。こちらは私、マーガレットです』（Are Tou There God? It's Me, Margaret）より
バージニア・ウルフ（Virginia Woolf）

男女同権主義者の言葉

　男女同権主義者の言葉とは、女性とその才能への信頼と尊敬の念を表す言葉のことです。『母の園を求めて：男女同権主義者の散文』（*In Search of Our Mother's Gardens: Womanist Prose*）の中で、著者、アリス・ウォーカー（Alice Walker）は、「男女同権主義者」のことを、「とにかく音楽を愛する者、ダンスを愛する者、月を愛する者、聖霊を愛する者、愛と食物と円満さを愛する者、闘争を愛する者、民衆を愛する者、自分自身を愛する者」と定義しています。次の男女同権主義者の言葉を調べてみましょう。

「男は権利だけを求め、女は権利以上のものを求める」
アメリカの婦人参政権論者、スーザン・B・アンソニー

（Susan B. Anthony）
　「女性であることが人生での大事であって、妻であること、母であることは付随的な関係にすぎない」
アメリカの婦人参政権論者、エリザベス・ケイディ・スタントン（Elizabeth Cady Stanton）
　「女としての私には祖国はない。女としての私の祖国は世界全体である」
イギリスの作家、バージニア・ウルフ（Virginia Woolf）
　「男性の絶体的優位は女性を抑圧してきたが、打ち負かしたりはしなかった」
アメリカの外交官、クレア・ブース・ルース（Clare Boothe Luce）
　「道しるべとなるべき歴史もなく、私には筆舌に尽くしがたいほど感動的と思われるような、自らを危険にさらす勇気を持って、人間の可能性の極限を求める勇敢な女性たちに会ったことがある」
アメリカの作家、グロリア・スタイネン（Gloria Steinem）
　「フェミニズムとは選択の問題である。それは、社会によって小さな妻か、母という、きちんとはしているがセクシーとはいえない箱に押し込められるのではなく、女性が独力で、人生でのどちらの役割を追求したいかを選ぶことなのだ。それは性別によってではなく、明敏さ、能力、情熱によって、誰が何をし、何を得、何に値し、何を獲得し、何に成功するかを判断することである。それは生理機能によってではなく、人間性によって個人を尊敬することなのだ」
アメリカの作家、アン・クゥインドレン（Anna Quindlen）
　「めん鶏だっていつ夜が明けるか知っているが、おん鶏にそれを告げさせてやっているのだ」
アシャンティ族の諺（Asyanti Proverb）

小気味よい発言

　小気味よい発言とは、パンチのきいた言葉のこと。ここで

は女性による男性についての発言である。

「女は月並みな男を求め、男はできるだけ月並みになろうと懸命に努力している」

アメリカの人類学者、マーガレット・ミード（Margaret Mead）

「どんなことにもまったくわくわくせずに…やがて男と結婚する女たちがいるが、それは困ったものだ」

アメリカの歌手兼女優、シェール（Cher）

「たとえ何をやらされても、女たちは男の半分くらいに評価してもらうためには、男より2倍もうまく仕事をこなさなければならない。幸いにも、そんなことはお茶の子さいさいなのだ」

カナダの市長、シャーロット・ウィットン（Charlotte Whitton）

「もし何かを言ってもらいたければ、男に頼むといいわ。でも、もし何かをしてもらいたければ、女性に頼むことね」

英国の元首相、マーガレット・サッチャー（Margaret Thatcher）

「この社会には自由な人はひとりだけ。それは白人男性のこと」

アメリカのピアニスト、ヘイゼル・スコット（Hazel Scott）

「女性にとって二束三文なものは、音楽界でもがらくたなのよ」

アメリカの歌手、ロレッタ・リン（Loretta Lynn）

「あの頃は、大学優等生友の会会員、ミス・アメリカ、ノーベル平和賞受賞者であっても、結婚していなかったり、もうすぐ結婚する予定でなかったりしたら、半人前の女性としか見られなかった」

アメリカのテニス選手、ビリー・ジーン・キング（Billie Jean King）

ぴり辛俗語

あなたの会話をぴりっとさせる、いくつかの面白い言葉を紹介しよう。

Brainrinse（脳をすすぐ）	誰かを言葉で動けなくし、プレッシャーをかける。
Dak	真実の愛を表わす愛情表現。
Eyes only（For your eyes onlyの略、他言無用）	秘密の文書上の暗号。マル秘の。
Exudiate	汗をかく。
Fathometer（音響測深機）	全く当惑している時に必要となるもの。
Go-nogo（継続か中止か）	止めるか始めるかで気持ちを切り替える。
Kakatopia（kaka [= bad] とUtopia［理想郷］の合成語）	住むのに物騒な場所。
Slurb（slumとsuburb［郊外］の合成語）	郊外スラム。
Unperson	全く無視され、敬遠されている人
Yatata	つまらないおしゃべり

馬鹿げた話、または、ほら吹き話

ナポレオン3世が「女は編み物でもしていればよい」と言いましたが、それは馬鹿げた話でした。驚いたことに、女性の側からも似たような話がいくつかあるので、それを紹介しましょう。

「人間はいくらやせてもやせすぎるということはないし、いくら金持ちになっても、なりすぎるということはありません」
アメリカ生まれの英国公爵夫人、ウォリス・シンプソン・ウインザー（Wallis Simpson Windsor 1896-1986）

「私はすばらしいハウスキーパーよ、離婚するたびに家をキープする人ですもの」
ハンガリア生まれのアメリカ女優、ザザ・ガボアー（Zsa Zsa Gabor 1919-　）

「私は男を愛します。でもそれは彼らが男だからではなく、女ではないからなの」

　　　スウェーデンのクリスティーナ女王（Queen Christina 1626-1689）

　　　「食事の支度をし、食器を洗うことによって、私を聖者にしてください」

英国の作家、詩人、シシリイ・ハラック（Cecily Hallack）作「台所という神聖なオフィス」（The Divine Ofice of the Kitchen）より

　　　「そこでこの紳士は次のように申されました。『知力のある娘は、考え事以外の何かに頭を使うべきである』と」

アニタ・ルース（Anita Loos）作『紳士は金髪がお好き』（*Gentlemen Prefer Blondes* 1925年発表）より。

　　　「朝、鏡を見るたびに、頬骨が高いことを神に感謝しています」

アメリカ人モデル、スージー・パーカー（Suzy Parker 1933-2003）

フラワー・パワー

　もし誰かに1本のバラを送れば、それは愛のメッセージを伝えていることになります。花を用いてあらゆるメッセージを送ることができます、フローリグラフィ（florigraphy）とは花言葉のことです。多くの花や木々にはいろいろな意味が与えられてきました。その一部を紹介しましょう。

花または木	意味
アイリス（アヤメなど）	力
アサガオ	気取り
アザレア	節制
アジサイ	冷酷さ
アッシュトリー（ユーカリノキなど）	壮麗さ
アネモネ	期待
アメリカニレ	愛国心

アメリカリンデン	結婚（生活）
イチジクノキ	多産の
イトスギ	哀悼
オーク（カシワ、ナラなど）	歓待
オレンジノキ	寛大さ
カーネーション（赤）	悲しいかな！　わが貧しき心
カミツレ（キク科）	逆境での気力
カンバノキ	おとなしさ
キク	無視された愛
キンレンカ	忍耐
キンポウゲ	忘恩
クルミノキ	知性
クレマテイス	精神の美
クワ	英知
サクラノキ	良き教育
シクラメン	内気
シダレヤナギ	哀悼
スイカズラ	寛大さ
スイートピー	デリケートな喜び
スズカケノキ	好奇心
スズラン	喜びの復活
スミレ	忠実さ
セイヨウスモモノキ	貞節
セイヨートチノキ（マロニエ）	ぜいたく
セイヨウハコヤナギ	悲嘆の声
セイヨウバクシンなど（ヒノキ科）	保護
ゼラニウム	安楽
タチアオイ	野心
タンポポ	英知
チューリップ	名声
ツタ	貞節
ナシノキ	安楽
ニオイヒバ	変わらざる友情
ニレノキ	尊厳

女の子のおしゃべり

最初の『花の辞典』、(Le Langage des Fleurs) は、シャルロット・ドラ・トゥール夫人 (Mme. Charlotte de la Tour——ルイ・コルタンベール [Louise Cortambert] のペンネーム) によって書かれ、1818年、パリで出版された。

ハナミズキ	永続性
バラ	愛
ハリエンジュ（ニセアカシア）	優美さ
ハルシャギク	いつも元気で
ヒナギク	私たちは同じ気持ち
ヒマワリ	傲慢
ヒャクニチソウ	不在の夜
フクシア	好み
ブナノキ	繁栄
ヒマラヤスギ	力強さ
ブルーベル（ヒヤシンスなど）	志操堅固
ポプラ	勇気
マガリバナ（アブラナ科）	無関心
マグノリア（モクレンなど）	自然への愛
ライラック	初恋
ラッパスイセン	敬意
リンゴ	誘惑
ルピナス	想像力
ワスレナグサ	真実の愛

女性名言、あれ、これ

冒険

「いくつになっても、炉ばたの片隅に座を占めて、ただ傍観しているだけなんて我慢がならなかった。人生は生きるためにあった」
アメリカの大統領夫人、博愛主義者、エリノア・ルーズベルト（Eleanor Roosevelt 1884-1962）

忠告

「忠告とは、すでに答えを知っているけれども、知りたくないと思う時に求めるものです」
『飛ぶのが怖い』の著者、エリカ・ジョング（Erica Jong 1942- ）

幼年時代

「子供の頃、私が望んでいたのは、普通になることでした。平均点であることでした。走る、ジャンプする、遊ぶなど、近所の他の子がしているあらゆる事ができることでした」
ウィルマ・ルドルフ（Wilma Rudolph 1940-1994）（彼女は11歳で身体障害者となったが、20歳でオリンピックの陸上競技メダリストにまでなった）

夢

「このようにして、自分の夢を理解するということは、自分たちの心の言葉を理解することである」
アメリカの心理学者で夢の研究者、アン・ファラディ（Ann Faraday 1935-　）

ハリウッド

ELEANOR ROOSEVELT

「若いときには、いつも魅力的に思えるものよ」
アメリカの女優、パトリシア・ニール（Patricia Neal 1926- ）

人権
「自由、民主主義、人権を要求するだけでは不十分です。闘争の中で頑張り通し、不変の真理に誓って犠牲を払い、欲望、悪意、無知、恐怖といった、人を堕落させる力に抵抗する一致団結した決意がなければなりません」
ビルマ人作家、1991年ノーベル平和賞受賞者、アウンサン・スーチー（Aung San Suu Kyi 1945- ）

アウンサン・スーチー（Aung San Suu Kyi）

ジャンプ
「ジャンプは私にとって常に大切な事でした。それは嬉しくて飛び上がることに似ています」
アメリカの陸上競技選手、オリンピックのメダル受賞者、ジャッキー・ジョイナー・カーシー（Jackie Joyner Kersee 1962- ）

人生
「私たちは自分自身の運命を記述します。私たちは自分の記述した運命に到達します」
蒋介石夫人＝宋美齢（1898- ）中国人社会学者

恋愛
「恋愛は、交通事故、きついガードル、高額納税者層、フィラデルフィア上空の飛行パターンなんかよりは、ずっと居心地のいいものよ」
アメリカの作家、ジュデイス・ビオースト（Judith Viorst 1931- ）

苦痛と悲痛
「私は悲しみの台所で、すべての鍋をなめ尽くしたことがあった」

アメリカの作家、ゾラ・ニール・ハーストン（Zora Neale Hurston 1901-1960）

絵画
「私は他のどんな方法でも言えないようなことを——それを言い表す言葉を持たないようなことを、色彩と形で表現できることに気づきました」
アメリカの画家、ジョージア・オキーフ（Georgia O'Keeffe 1887-1986）

写真
「私が写真に撮らなければ、誰にも見えない物があるのだと私は本当に信じているのよ」
アメリカの写真家、ダイアン・アーバス（Diane Arbus 1923-1971）

貧困
「私はあばら屋に生まれついたのかもしれませんが、風と星を伴って旅をしようと心に決めているのです」
アメリカ人パイロット、ジャクリーン・コックラン（Jacqueline Cochran 1910-1981）

自我
「自分自身と妥協してはいけません。あなたはしょせん、今までに手に入れてきたものだけでしかないのです」
ジャニス・ジョプリン（Janis Joplin 1943-1970）　アメリカのロック歌手

著述
「世界中の人を悲嘆にくれさせ、その心を癒してやれるほど、力強くものを書けるように私はなりたいのです」
アメリカの小説家、ドロシイ・アリスン（Dorothy Allison 1948-　）

女の子のおしゃべり　133

なわとび歌

　約100年ほど前、なわとび遊びをするのはほとんどが少年でした。少年は、めいめいなわとび用のひもを持っていて、他の少年と競争してなわとびをしました。少女がなわとびに馴染むようになると、それは集団の遊びとなり、リズムと歌がつくようになりました。なわとび歌をいくつか紹介しましょう。

お皿の中にキャンディ、キャンディ
あなたはなん個いりますか
　1、2、3……

真ん中に2人、はしっこに2人
それぞれ姉妹、それぞれ仲良し
1ペニーは貯金、1ペニーは小遣い
真ん中に2人、はしっこに2人

お砂糖、お塩、こしょうにりんご酒
がに股くもさん、お足はなん本
　1、2、3、4……

小枝にりんご
ひと口、5セント
ぐるっと回れば、そのたびごとに
私の気分は悪くなる

アイスクリームソーダ、デラウェアーパンチ
お前のいい人の頭文字なあに
　A、B、C……

貸し部屋があるよ

入れてって頼みな
私が出るとき
＿＿＿さん入れよ

娘さん、さあ、みんな一緒に入りましょう
お天気はいかが、娘さん
1月、2月、3月、4月
（なわとび参加者は、自分の生まれ月がくると飛び込む）

女性の作った歌の文句
- 「なんと美しい広い空、こはく色の麦の波」キャサリン・リー・ベイツ（Katherine Lee Bates）作「美しいアメリカ」（America the Beautiful）（1893）より
- 「きらきら光る小さな星よ、あなたはいったい何かしら」アン・テイラー（Ann Taylor）作「星」（The Star）（1806）より
- 「静かにゆれよ、やさしい幌馬車、私を家へとつれてって」サラ・ハンナ・シェパード（Sarah Hannah Sheppard）作「ゆれよ幌馬車」（Swing Low, Sweet Chariot）（1847）より
- 「わたしはこの目で主の来ませる栄光を見た」ジュリア・ウォード・ハウ（Julia Ward Howe）作「南北戦争賛歌」（Battle Hymn of the Republic）（1862）より
- 「空に輝け、中秋の月よ」ノラ・ベイズ（Nora Bayes）作「中秋の月」（Harvest Moon）（1908）より
- 「ハッピー・バースデー、トゥ・ユー」パティ・スミス・ヒル（Patty Smith Hill）作「ハッピー・バースデー」（Happy Birthday）（1893）より
- 「ママが、パパが、いや神が御子を祝福なさる」ビリー・ホリディ（Billie Holiday）作「神は御子を祝福する」（God Bless the Child）（1941）より
- 「私の心が遺失物取扱所にあったとき、あなたは引き取り

- にきてくれた」キャロル・キング（Carole King）作「ナチュラル・ウーマン」（A Natural Woman）(1967)より
- 「何ごとも時間や恋のようにはなおらない」ローラ・ナイロ（Laura Nyro）作「時間と恋」（Time and Love）(1970)より
- 「必要なら何でもできる、私は強い、だれにも負けない」ヘレン・レディ（Helen Reddy）作「私は女」（I Am Woman）(1972)より
- 「ときどきこの顔がおかしく見えるので、わたしはそれを本で隠す」フィービー・スノウ（Phoebe Snow）作「どちらかそれとも両方」（Either or Both）(1973)より
- 「うぬぼれね、これはあなたの歌だと思ってるんでしょう」カーリ・サイモン（Carly Simon）作「うぬぼれね」（You're so Vain）(1972)より
- 「わたしたちは星くず、わたしたちは最高」ジョニ・ミッチェル（Joni Mitchell）作「ウッドストック」（Woodstock）(1975)より
- 「さあ、鷲のような自由を得たわ、空にむかって飛び立ちたい」ドリー・パートン（Dolly Parton）作「晴れた青空の光」（Light of a Clear Blue Morning）(1976)より
- 「クールスビルに行く道を知りたければ私にたずねて」リッキー・リー・ジョーンズ（Rickie Lee Jones）作「クールスビル」（Coolsvile）(1979)より
- 「ママが言った、心をやったり売ったりするなって」トレーシー・チャップマン（Tracy Chapman）作「心がすべて」（All That You're Got Is Your Soul）(1989)より
- 「強い足取り、気取って歩き、動き、新しい予言者の時代を生み出したことを忘れずに」クイーン・ラティファ（Queen Latifah）作「レディ・ファースト」（Ladies First）(1991)より
- 「子供に金があるなら、時間の使い方を覚えるだろう」エディ・ブリッケル（Edie Brickel）作「ママ、助けて」

（Mama Help Me）(1992)より
- 「なぜ私たちの夢は夜破れ、階下の声がけんかを始めるのだ」メアリー・チャピン（Mary Chapin）作「ただの夢」(Only a Dream)(1992)より
- 「欲張りかな、ポーカーのフルハウスとロックバンドがほしいんだけど」ルシンダ・ウイリアムズ（Lucinda Williams）作「情熱のキス」（Passionate Kisses）(1992)より
- 「運命が電話であんたを呼んだら、慈悲を求めて泣くだろう」ボニー・ライト（Bounie Raitt）作「えらいたたり」(Hell to Pay)(1993)より
- 「うまくいかないときは、女の子に面倒をみてもらうの」トリ・エイモス（Tori Amos）作「ゴッド」（God）(1994)より
- 「私の心にかくまっている逃亡者は、私のワインを飲み、私は自分も生きようと最後の一息をつく」インディゴ・ガールズのエイミー・レイ（Amy Ray of Indigo Girls）作「逃亡者」（Fugitive）(1994)より

宝石のお告げ

宝石には、魔力と言い伝えがあります。文明世界はその美しさ故に称賛し、病気を治す力があると信じてきました。ここに紹介するのは、宝石の伝える言葉。

月	宝石	言い伝え
1月	ガーネット	身につけると夜間の道案内を得られ、悪夢から守られる。蛇にかまれたり、食中毒にかかった時の解毒剤となる。
2月	アメジスト	裏切り、策謀から身を守ってくれる。顔色がよくなり、はげを防止してくれる。
3月	アクアマリン	希望、健康、若さのシンボル。船乗りの守り神。
4月	ダイアモンド	愛のシンボル、星のかけらと言われている。

女の子のおしゃべり

5月	エメラルド	身につけていると運命を予言できる。視力の弱さと思考力の低さを矯正してくれる。
6月	真珠	富と名誉と長寿を表す。海に落ちた天からの雫と言われる。
7月	ルビー	不幸から身を守り、邪念を取り除き、短気の人を上機嫌にさせると言われる。
8月	ペリドット	太陽のシンボル、威厳を授け、悪霊から身を守ってくれる。
9月	サファイア	貧乏神を寄せつけず、愚者を賢くさせる。ベツレヘムの星の火花と言われる。
10月	オパール	愛と希望の石。稲妻の閃光の中で空から落下したと言われる。それを身につけていると危険が見えなくなる。
11月	トパーズ	怒りを静め、正気を取り戻させる。ぜんそくを治し、不眠症を解消させる。
12月	トルコ石	身につけていると、幸福と幸運が訪れると言われる。

私達はおしゃべり人形

　口をきけさえしたら、人形は、人間と同じくらい長い間、生きてきたのだと私たちに語りかけるでしょう。人形は、鳥の叉骨、卵の殻、花、紙などを含めて、想像しうる限りのあらゆる地上の物質を用いて作られてきたことを語ってくれるでしょう。人形はどんな風に大切にされ、持ち運ばれ、埋められ、名づけられてきたかを語ってくれるでしょう。人形は口をきけないから、私たちが人形について語りましょう。

アークバ

　これはアシャンティ族（西アフリカの部族）の人形の名前。アフリカのアシャンティ族の女性は四角い顔をした木彫り人形を作り、妊娠すると、それを腰帯にしまい込みます。幸運のお守りとして身につけるのです。母親たちは、こうした人形を肌身につけていると、健康で美しい子宝に恵まれると信じています。

顔がリンゴでできている人形

　アメリカの原住民が、最初にこの人形を作りました。人形の顔は、新鮮なリンゴに目鼻を彫りつけます。そのリンゴの首に棒を突き刺し、吊して乾燥させます。乾燥すると、服を着せ、飾りをつけます。

北極人形

　北米での最初の人形は、先史時代のアレウト人（アリューシャン列島からアラスカ西部にかけて居住する）の村落で発掘されました。動物の骨や石を彫刻したこの人形は、アザラシの皮を着せられていました。男の子の人形はみな笑顔であり、女の子はしかめ面をしています。

連想人形

　連想人形とは、事件や人物と関連づけられた人形のことです。人形は必ずしも本物の人間に似ている必要はありませんが、似ている場合も少なくありません。たとえばアメリカでは第1代大統領期に、ワシントン大統領夫妻の人形が盛んに作られました。

バーソロミュー赤ん坊

　これは、17世紀に、ロンドンの路上で繰り広げられる聖バーソロミュー縁日で売られていた、安価な木製人形のこと。アメリカの原住民と通商するため、この人形はヨーロッパの探検家によってアメリカに持ち込まれました。

シャーロット

　『大きな森の小さな家』（*Little House in the Big Woods*）の中で、クリスマス・プレゼントとして、ローラ・インガルス（Laura Ingalls）に与えられるぼろ布でできた人形のこと。その顔は白い布地でできていて、黒いボタンの目がついています。目以外の顔立ちは、アメリカヤマゴボウのインキで描かれています。髪は黒いより糸を巻き毛に編んだものでできています。

切り抜き紙人形が、100年も前からあったことを知っているだろうか。最初は18世紀にフランスで作られ、20世紀になってアメリカで人気を取り戻した。

女の子のおしゃべり

チャイナ人形

　この人形は、中国を発祥の地とする陶磁器でできています。チャイナ人形は、しばしば陶磁器製の首だけでできていました。アメリカでの最初のチャイナ人形は、ヨーロッパから輸入された陶磁器製の首でできていて、それが布製の身体に取りつけられました。それを行商人がワゴンで売りました。

チッピワ人形

　ほとんどのアメリカの原住民同様、チッピワ族（オジブェー族ともいい、北米インディアンの大部族）も息子や娘のために人形を作りました。人形の原料は、つるつるしたニレの木、ガマ、松葉や木の葉などでした。切れ端人形はシカ皮でできていて、乾燥した苔が詰め込まれ、宝石で飾られていました。

棺（ひつぎ）人形

　この人形は18世紀後半、おもちゃとして登場しました。木製で、蓋つきの棺から取り出すことができました。

トウモロコシ人形

　この人形はトウモロコシの皮、もしくはその穂軸、またはその両方を用いて作られ、アメリカ初期の移民の間ではごく普通のものでした。トウモロコシ人形を最初に作ったのはアメリカ原住民でした。その人形の髪の毛はほとんどの場合、トウモロコシの毛でできていました。

ハンカチーフ人形

　アメリカの開拓者が西をめざして旅していた当時、子供らはよく丸めた布地から人形を作ったものでした。その目、口、耳などはインキで書きました。

幸福人形

　この願掛け人形は、アメリカの原住民、特に北東、中西部に住む部族によって作られました。首はリンゴ、胴体はトウ

モロコシの穂軸で、この人形は幸運のシンボルでした。

イーザナー・ウォーカー人形

　ロードアイランド州出身のイーザナー・ウォーカー（Izannah Walker）は、1873年、人形の特許を取った最初の人物でした。彼女は1千個以上の人形を作り、販売したり、人にあげたりしました。その人形は幾層もの布を糊で貼り合わせてできていて、油絵の具で着色されていました。

カチーナ人形

　米国南西部に住むホピ族やズーニー族は、子供たちに彼らの宗教の象徴や儀式を教えるために、この木製人形を作ります。人形は200以上もの精霊を表していて、舞台衣装を着、仮面をつけたダンサーのレプリカです。この人形はよく、家のたる木からぶら下げられています。ホピ族はこの人形を作るのに、乾燥したハマヤナギの根を用います。ズーニー族は松の木を用います。ズーニー人形の方がホピ人形より背が高く、足がついています。

キューピー人形

　1913年、まるまる太った胴体をし、ちっぽけな翼と、頭の天辺には、ちょう結びをつけ、いたずらぽく笑っている、天使のような人形が大人気となりました。今日の数多くの人形同様、キューピー人形もさまざまな原料で作られ、多様なキャラクターで登場します。布製、磁器製、プラスチック製があり、大工もいれば、料理人や盗賊のかしらもいます。キューピー・クラブも結成され、メンバーは、キューピー人形に関するあらゆるもの、たとえば書物、石鹸、ハンカチ、それに食卓用塩入れまでも購入しました。キューピー人形の生みの親は、ローズ・オニール（Rose O'Neill）であり、百万長者となりました。

モーリー・ブリンカホフ（Molly Brinkerhoff）

　米国の独立戦争以前に、英国人がロングアイランドに侵入

女の子のおしゃべり

した時、その持ち主により、家財道具と一緒に埋められた人形がモーリーでした。モーリーが発掘されると、それは何代にもわたってブリンカホフ家の家宝となりました。ブリンカホフ家は、歴史上のその時代と人形を結びつけました。

ペニーウッド人形

これは英国製木彫り人形。関節は釘で留めてあって動かせます。ダンス人形としても知られています。

開拓者人形

ほとんどの開拓者人形は、背丈が3〜10インチと小型でした。その代表的なものは胴体が小枝か松かさでできていました。子供の人形の首は栗の実でできていて、大人の人形の首はクルミの実でした。ドングリ、ペカンの実、ウォルナットの実も用いられました。これらの人形は、後にアメリカ合衆国となる人跡未踏の地にやってきて住みついた女性や子供の手で作られました。むろん人形店などできる前の話でした。

ポペット（Poppets）

19世紀中葉のニューイングランド住民のお手製人形。ぼろ布と豚の剛毛でできていて、髪の毛が詰め込まれたポペットはマサチューセッツ州、セーラムの二人の一風変わった老婆の持ち物でした。この二人が魔女裁判にかけられ、絞首刑にされた時、そのポペットは彼らに不利な証拠品として用いられました。

ラジディ・アン

1915年、ジョニイ・グルーエル（Johnny Gruelle）は、母親が子供の頃に遊んでいた古い布製の人形を見つけ出した時、その人形の物語を書こうと思いつきました。その人形の最も大切な特色は心にありました。1918年、最初のラジディ・アン（Raggedy Ann）人形は売り出されましたが、すぐに回

バンゲル・パットと名づけられた、クラリッサ・フィールド（Clarissa Field）の木製人形は、1882年、マサチューセッツ州、デアフィールドの記念博物館に寄贈された。1765年、盲目で生まれたクラリッサは人形の大収集家であり、それ以上に数多くの人形の名づけ親でもあった。ピンゴ、パリカ、ヒモナロ、エビィ、パテンス、バンケル、パストなどがそれである。バンゲル・パットは記録文書つきの最も古い人形のひとつである。

収されました。親たちが、その人形にはかの有名な心がついていないと腹を立てたからです。

サリー（Sally）

サリーは「ホワイトハウス人形」としても知られています。サリーは大きな布製人形で、顔には絵の具が塗られ、赤白のキャリコ・ドレスをまとっています。ジョン・クウィンシィ・アダムス（**John Quincy Adams**）（第6代大統領、1825-29）が大統領であった時期に、ホワイトハウスにあって、大統領の孫たちが愛し、それで遊んだのです。

スワーツェントルーバー人形

この人形は、厳格なアマン派（ペンシルベニア州などに住むキリスト教新教の一派。電気、自動車など近代文明を拒否する教義で有名）の人に作られました。服は地味なブルーかグレイの布製で、腕か足がなく、顔もありません。これは、この世のいかなる物に似た形や像も作るべからず、という聖書の戒律に従っているのです。

逆さま人形

この人形は胴体の両端に頭がついています。一方の頭は常に人形の衣服ですっぽりとカバーされていて、実際には二つの人形を一体化したものなのです。有名な逆さま人形は、赤ずきんちゃんと狼のような絵本の登場人物にヒントを得ました。有名なものには黒白人形がありますが、これは一方の頭が黒、もう一方

が白となっています。

叉骨人形

　1800年代後半、七面鳥や鶏の叉骨はとっておいて、大人がそれから人形を作りました。顔用としてコルクのかけらを、足用には封蝋を用いました。その人形には当時流行した衣服が着せられていました。

悩みごと人形

　これらの人形は中央アメリカの共和国、グァテマラ製。それぞれの人形に悩みごとを語りかけ、それを枕の下に置いておけば、翌朝までにその人形が悩みごとを取り除いておいてくれるのです。

あなたの星座は何？

　占星術を信ずる人は、人の性格は生まれた時の星座によって非常に影響されると言います。黄道帯は地球を取り巻いているように見える一連の星群。それはサインと称する12の部分に分割されており、そのサインが星座であり、人間の性格の一部がそれと結びつけられています。

水瓶座　　1月20日〜2月18日
　好奇心旺盛、外交的、自立性強し
魚座　　　2月19日〜3月20日
　芸術家肌、デリケート、情にもろい
牡羊座　　3月21日〜4月19日
　大胆、勇敢、精力的
牡牛座　　4月20日〜5月20日
　保守的、独占欲強し、忠実、頑固
双子座　　5月21日〜6月20日
　元気溌剌、おしゃべり、理知的
かに座　　6月21日〜7月22日
　情にもろい、愛国心強し、力強い
獅子座　　7月23日〜8月22日

快活、自尊心強し、力強い
乙女座　　8月23日〜9月22日
　慎み深い、堅実、几帳面
天秤座　　9月23日〜10月22日
　人好きのする、外交手腕あり、哀れみ深い
さそり座　10月23日〜11月21日
　無口、熱しやすい、情熱的
射手座　　11月22日〜12月21日
　快活、寛大、落ち着きがない
やぎ座　　12月22日〜1月19日
　野心的、用心深い、堅実

あなたの占星術上のマスコットは何？

マスコット	生まれた月日
ワタリガラスとフクロウ	12月23日〜2月19日
ヒバリとキジ	2月20日〜3月20日、11月22日〜12月22日
ワシとタカ	3月21日〜4月20日、10月23日〜11月21日
カササギとオウム	5月23日〜6月21日、8月23日〜9月22日
ツバメとハト	9月23日〜10月22日、4月21日〜5月22日
カモ	6月22日〜7月22日
めんどり	7月23日〜8月22日

女の子のおしゃべり

発明大集合

アメリカの歴史には、その発明が見逃されたり、他の人のものとされている女性の発明家がたくさん存在します。それが家庭で使うものであれ、戦場で使うものであれ、女性の発明は私たちの生活に影響を与えてきました。ワイパーのない車なんて想像がつきますか。茶色の紙袋のない食料品店なんて想像できますか。

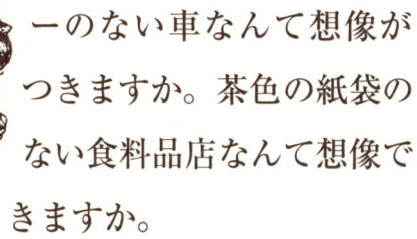

女性の発明の才

次の表は女性による独創的な発明品の一部をリストアップしたもの。

発明品	発明者	発明年
電池入れ	ナンシー・パーキンス	1986
ミツバチの巣箱	シーフェナ・ホーンブルック	1861
箱型電気掃除機	ナンシー・パーキンス	1987
カー・ヒーター	マーガレット・ウィルコックス	1893
まるのこ	タビサ・バビット	1812
料理用レンジ	エリザベス・フォーク	1867
ダム・貯水池構造法	ハリエット・ストロング	1887
往復封筒	ビューラ・エンリイ	1962
皿洗い機	ジョセフィン・コックラン	1872
噴水式水飲み器	ローレン・オウドーネル	1985
電気温水ヒーター	アイダ・フォービス	1917
高架鉄道	メアリー・ウォルトン	1881
エンジンマフラー	エルドラド・ジョーンズ	1917
データ処理用フィードバック制御装置	エルナー・フーバー	1971
火災避難設備	アンナ・コナリィ	1887
地球儀	エレン・フィッツ	1875
穀物貯蔵箱	リジー・ディッケルマン	1920
改良蒸気機関車車輪	メアリー・ジェーン・モンゴメリー	1864
浚渫機の改良	エミリー・タッセイ	1876
敷石舗装改良	エミリー・グロス	1877
ケブラー(ラジアルタイヤ、ヘルメット、防弾チョッキなどに用いられる鋼鉄状の合成繊維)	ステファニー・クウォーレック	1966
救命いかだ	マリア・ビースレイ	1882
蒸気機関車の煙突	メアリー・ウォルトン	1879
医療用注射器	レティシア・ギア	1899
モップしぼりバケツ	エリザ・ウッド	1889

石油バーナー	アマンダ・ジョーンズ	1880
髪の毛用パーマネント装置	マージョリー・ジョイナー	1928
移動式網戸つきあずまや	ネッティー・ルード	1882
冷蔵庫	フローレンス・パーパート	1914
めん棒	キャサリン・ダイナー	1891
ロータリーエンジン	マーガレット・ナイト	1904
エレベーター用安全装置	ハリエット・トレーシィ	1892
道路清掃機	フローレンス・パーパート	1900
海底ランプと望遠鏡	サラ・マザー	1870
サスペンダー	ローラ・クーニィ	1896
洗濯機	マーガレット・コルビン	1871
フロントグラスワイパー	メアリー・アンダーソン	1903
ジグザグ縫いミシン	エレン・ブランチャード	1873

型破りの発明家

　ここで紹介する女性たちは、才能ある女優、芸術家、芸能人として名声を得た人々ですが、その発明品で特許を得た有能な発明家でもありました。

　メアリー・カサット（Mary Cassatt）は著名な画家でしたが、第一次世界大戦中に、骨折した脚用のハンモック、骨折した腕用の装置、負傷した手首用の副木を発明しました。こうした発明品は全て戦争で負傷した軍人を助けるために考案されました。

　リリアン・ラッセル（Lillian Russell）は、巡業中に用いる化粧台つきトランクを発明しました。彼女は舞台女優で、巡業中に化粧品や衣裳を輸送する必要に迫られていたのです。

　メイ・ロブソン（May Robson）は、舞台用の義足を発明した女優。

　ヘディ・ラマー（Hedy Lamar）は映画女優であったが、陸軍省（今の国防総省）がナチスに対して用いるための秘密通信システムを発明しました。しかし特許が切れた後、米国大企業が似たようなシステムを開発して、政府に売りつけま

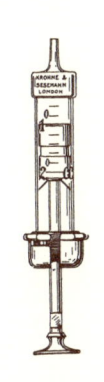

戦時通信システムの特許権を得てから約50年後、ヘディ・ラマー（Hedy Lamar）は、あるインタビューの中で、多少でも評価されたことは評価すると述べた。「それが世界中で用いられているのに、どうして何の感謝の言葉もなかったのか、私には理解できません……。１通の手紙も来なければ、ありがとうもなかった。お金ももらっていません」

した。

発明の母

必要は発明の母と人は言います。しかし、母親は子供らのための次のような発明品の母なのです。

発明品	発明者	発明年
アルファベット積木	アディリーン・ホイットニイ	1882
取っ手つきベビーボトル	ニッキー・キャンベル	1984
ベビー・ジャンパー	ジェーン・ウエルズ	1872
バーニィ（紫色の恐竜）	シャーリル・リーチ	1988
仕事仲間人形	リンダ・ストックデール	1991
おむつ	マリア・アレン	1887
使い捨ておむつ	マリオン・ドノバン	1951
しなやか凧	ガートルード・ロガロ	1951
折りたたみ式ベビー・ベッド	サラ・ニール	1894
乳母車（スナグリィ）	アグネス・オーカーマンとアン・ムーアー	1962
動く人形の目	ビューラ・ヘンリー	1935
学校机	アンナ・ブレイディン	1889
ズースブラシ（握りやすく、奇抜な歯ブラシ）	スーザン・ハリソン	1993

食物が想像力をかき立てる時

● ナンシー・ジョンソン（Nancy Johnson）は、1843年にアイスクリーム・フリーザーを発明しました。

● 1893年、サラ・タイソン・ロウラー（Sara Tyson Rorer）はノックス・ゼラチン社に対し、ゼラチンに純白のグラニュー糖を加えるよう提案し、ジェロー（フルーツゼリーの素）が誕生しました。

● アマンダ・ジョーンズ（Amanda Jones）はフルーツバー（果物を乾燥・圧縮したもの）、果物、野菜の改良保存法、食品缶詰真空方式をすべて1860年代に発明しました。

- ミニ・フェルプス（Minnie Phelps）は、1906年に加熱、トースト併用オーブンを発明しました。
- マデライン・ターナー（Madeline Turner）は、1916年に果物からジュースを抽出する機械を発明しました。
- ルース・ウェイクフィールド（Ruth Wakefield）は、1933年にチョコレートチップ・クッキーを発明しました。彼女はマサチューセッツ州に所有しているトールハウス（通行料金所）・レストランにちなんで、その発明品を「トールハウス・クッキー」(tollhouse cookies)と名づけました。というのも彼女がそのクッキーを発明したのはそのレストランであったからです。
- ルース・シームズ（Ruth Siems）は、1975年にジェネラル・フーズ社に勤務中に、レンジで調理する詰め物食品、つまりストーブ・トップ・スタッフィングを開発しました。
- バージニア・ホルシンガー（Virginia Holsinger）は、1879年にミルクを消化できない人のために、低乳糖の乳製品、ラクタイドを発明しました。
- ローズ・トティーノ（Rose Totino）は、1979年に冷凍ピザ用生練り粉で特許を取りました。
- ハイダ・サーロー（Heida Thurlow）は、1980年代後半に、蓋つきフライパンと食品加熱スタンドの特許を取りました。
- ペニー・クーパー（Penny Cooper）は、1985年に乾燥食品を入れるプラスチック袋の特許を取りました。
- リン・ディフェンボー（Lynn Deffenbaugh）は、1987年に電子レンジ用の冷凍食品パッケージを発明しました。

頭脳の子供

　「頭脳の子供」とは、独創的なアイディア（良い思いつき）の意味である。すぐれたアイディアを抱き、それを基に発明品を作った何人かの子供がいます。こうした子供らを「頭脳の子」と呼ぶことにしましょう。

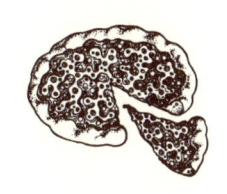

発明大集合

● 6歳児のスザンナ・グーディン（Suzanna Goodin）は、キャットフード用スプーンを洗うのにうんざりして、食べられるスプーン型クッキーというアイディアを思いついたのです。彼女は「ウィークリー・リーダー全米発明大会」でグランプリを獲得しました。

● 8歳のテレサ・トンプソン（Theresa Thompson）とその姉、9歳のメアリー（Mary）は、米国での特許を獲得した最年少姉妹です。二人は1960年、科学博覧会プロジェクト用の太陽熱利用円錐形テントを発明ししました。二人はその発明品に、ウィッグウォーム（インディアン小屋）という名前をつけました。

● マーガレット・ナイト（Margaret Knight）は9歳で紡績工場で働き始めましたが、そこで先端が鋼鉄製のシャトルが織機からはずれて、近くの労働者に当たるのを見ました。その結果、マーガレットは最初の発明品を考案したのです。それがシャトル留めの装置でした。次に彼女は、今日でも食料品店で使われている、四角い底をした紙袋を作る機械を発明しました。その機械は1871年に特許を取っています。

● 11歳のジーニー・ロー（Jeanie Low）は、1992年3月10日に、特許を受けた史上最年少の女性となりました。彼女は子供用ストール——子供でも広げてその上に立ち、ひとりでも流し台に背が届くように、流し台の下に固定できる折りたたみ式のストール——を発明しました。

● ベッキー・シュローダー（Becky Schroeder）は、14歳の時に特許取り人生を開始しました。暗闇でも字が書けるように、筆記用紙の下敷きにする紙に蛍光塗料を塗りました。この発明はその後、あらゆる方面で利用されました。医師は夜間、患者の目を覚まさせないで患者のグラフを見るために病院でそれを用いるし、宇宙飛行士は、再充電のため電気系統の出力が弱くなる時、それを用いています。

● 14歳のパメラ・シーカ（Pamela Sica）は、貨物を持ち

少女発明家にとってとても役に立つ2冊の本は、メアリー・メイプス・ドッヂ（Mary Mapes Dodge）の『エルシーの発明』（Elsie's Invention）と、エリノアー・コー（Eleanor Coerr）の『大気球レース』（The Big Balloon Race）である。

上げ、簡単に移動できるように、車台を上下する押しボタン装置を発明しました。その発明は、「ウィークリー・リーダー全米発明コンテスト」でグランプリを獲得しました。彼女はその発明の特許を取ろうとしましたが、経費がかかりすぎると判断してあきらめました。

馬鹿ばかしい発明

馬鹿げていて、奇妙で滑稽とも思える発明品をいくつか紹介します。感想はいかがですか。皆さんもくだらないと言うでしょうか。

- バター用撹乳器つき洗濯機の特許が1883年、メアリー・ブリッジ（Mary Bridges）により取得されました。
- スープや他の水分を取るときに口ひげが濡れるのを防ぐために、カップまたはスプーンに取りつける口ひげガードが、1899年、メアリー・エバンス（Mary Evans）によって発明されました。
- インコ用おむつが、1959年、バーサ・ルージィ（Bertha Lugi）により発明されました。
- ディクシー・スポーラー（Dicksie Spolar）が特許を取ったスパゲッティ掴み器は、10人前までならば（人数によって）どのくらいの量をゆでるべきかを正確に示してくれます。
- 女性のための唇の形取り器がヘイゼル・マン（Hazel Mann）により発明されました。それはハンドルに取りつ

米国特許法はいくつかの方法で発明品を保護しています。

- 実用特許—これは「新しくて有益で、見てすぐには分からない工程、機械、物質合成および製造品」を保護するために認められる17年間の特許。
- デザイン特許—これは新しい、独創的な、あるいは装飾的なデザインを考案した者に認められる14年間の特許。
- 植物特許—これは新種の植物開発を保護するため認められる17年間の特許。その植物は種子以外の手段、たとえば切り枝の挿し木、接ぎ木などによって繁殖されねばなりません。
- （登録）商標—発明品保護のこの方式は、多種多様な商標に適用されます。商標は、その製品を特定するために製造業者や販売業者により用いられる単語、名称、記号、図案などです。
- 企業秘密—これらはある商売で用いられる秘密の処方、様式、工夫、データのことで、それにより、その商売での競争で優位に立てるものです。企業秘密は特許のように公表はされないので、そのテクノロジーは他者により研究されることがないのです。州法のいくつかは企業秘密を保護しています。

けられた上下一対の硬いゴム製唇からできていて、これを女性の唇にあてがい、ハンドルをひねると、唇が締めつけられ、1920年代に流行したリップスタイルにリシェイプされるというわけでした。
- 垂れ尻救済は1975年、ジュリー・ニューマー（Julie Newmar）によって発明されました。これは着用者のヒップを押し上げる体形調整用パンティーストッキング、もしくはタイツのこと。発明者はそれを「ボディーパーフェクティングホース」と呼びました。
- ドレスエレベーター、つまり地面からロングドレスを持ち上げる道具が1880年、エレン・デモレスト（Ellen Demorest）により発明されました。
- ロッキングチェアーに取りつける扇風機が1849年、メアリー・アン・ウッドワード（Mary Ann Woodward）により発明されました。

合宿訓練、コンテスト、特許追求

次に紹介するのは、訪れるべき場所、出席すべき合宿、参加すべきコンテストなどです。お楽しみに！

特許取得法

大発明をしてその特許を取りたければ、一大決心と大金が必要となります。自分のアイディアを検査官に明確に説明して、そのアイディアが独創的で有益なものかどうか判断してもらわなければならないのです。作動中の装置のイラストも作らなければなりません。多くの人は、自分の特許が米国特許局の規則にかなっているかどうか確認するために特許代理人を雇います。特許を取れば、その発明品には番号がつけられ、当人にしかその装置を売る権利がありません。これ以上のことを知りたければ、米国特許商標局 (703)-557-7800 に電話するか、OEIPS P.O. Box 9, Washington, D.C. 20231 に手紙を出してください。

女性初の特許検査官は、マサチューセッツ州出身のアン・ニコラス（Ann Nichols）である。彼女は1873年に検査官となった。

発明コンテスト

『ウィークリーリーダー』（Weekly Reader）は教室向けの雑誌ですが、毎年、全米発明コンテストを主催しています。グランプリには、貯蓄債券と米国特許局での全米発明者展覧会への招待が含まれています。その展覧会では、入賞者の発明品が展示されています。

国立発明者栄誉殿堂

国立発明者栄誉殿堂は1973年に設立され、その発明がテクノロジーの進歩に貢献した特許権取得者に捧げられています。それは国立発明センター（80 West Bowery Street, Akron Ohio）にあります。

合宿訓練

- 発明合宿　1993年、1,500名以上の児童が、夏休み中に開催された発明合宿で、その創造的能力を開発しました。小学校1年から6年生までの誰でもが参加できるそのキャンプは、12州の16箇所で開催されます。
- 創意工夫合宿　これは7年生（中1）〜9年生（中3）までの女子用キャンプ。この2つのキャンプについての詳細を知りたければ、アメリカ (216) 762-4463 に電話すること。
- U.S.宇宙合宿　これはフロリダ、アラバマ両州で開催されますが、アラバマ州では4年から6年生まで、フロリダ州では4年から7年生までが参加できます。フロリダ・キャンプはNASA（米国航空宇宙局）の宇宙船発射装置に通ずる入口のところにあります。この2つのキャンプで、学童たちは宇宙飛行士になるために必要なことを学びます。1週間のキャンプ期間中に、子供たちはアメリカの宇宙輸送システムについて詳しくなり、シャトル打ち上げのシミュレーションに参加します。
- アメリカ・スペース・アカデミーはアラバマにあり、7年生から9年生までが入れます。スペース・アカデミーでは、

1991年にガートルード・エリオン（Gertrude Elion）は、国立発明者栄誉殿堂入りをはたした最初の女性となった。彼女は、痛風、白血病、臓器移植拒絶反応を治療する薬を発明したのだ。

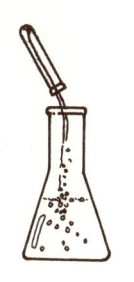

アメリカで最も成功を収めた発明家のひとりは、C・J・ウォーカー（C. J. Walker）夫人である。彼女はアメリカの黒人用ヘアケア製品を発明し、1905年に戸別訪問で販売し始めた。やがて、彼女は化粧品、ヘアケア製品の一大帝国を築き上げ、アメリカで初めての黒人億万長者となった。

参加者たちはU.S.宇宙合宿では学べない専門的な知識修得のチャンスを与えられます。ここでは特にスペース・シャトル計画と飛行任務訓練が強調されています。
詳細を知りたければ、下記に手紙を出すこと。

アラバマの場合
U.S. Space Camp またはU.S. Space Academy
P.O.Box 070015
Huntsville, Alabama 35807-7015

フロリダの場合
U.S. Space Camp
6225 Vectorpace Blvd.
Titusville, Florida 32780

科学部門での9名のノーベル賞受賞者

マリー・スクロードーフスカ・キュリー（Marie Sklodowska Curie、1903年 物理学、1911年 化学）

　マリー・キュリーは、全ての女性科学者の中で最も著名な人物とされています。ノーベル賞を2回受賞した人物は彼女のほかにいません。16歳のときには、彼女はポーランドのロシア国立高等中学校で優等賞を受賞していました。1891年、ほとんど無一文のまま、パリのソルボンヌ大学に入学しました。1903年には放射能発見の功績によりノーベル物理学賞を、1911年にはノーベル化学賞を受賞しました。

マリー・キュリー

アイリーン・キュリー（Irene Curie、1933年 化学）

　アイリーン・キュリーはマリー・キュリー（Marie Curie）の娘。彼女は母の放射能研究をさらに発展させ、放射能は人工的に作り出せることを発見した功績で、ノーベル賞を受けました。

ガーティー・ラドニッツ・コーリー（Gerty Radnitz Cori、1947年 生化学）

　ガーティー・コーリーは、科学部門でノーベル賞を受賞した最初のアメリカ女性です。酵素とホルモンの研究をし、その研究のおかげで糖尿病の解明が一段と進みました。彼女は、グリコーゲンを糖分に、また逆に糖分をグリコーゲンに変える酵素を発見した功績でノーベル賞を受けました。

バーバラ・マクリントック（Barbara McClintock、1983年 医学）

　バーバラ・マクリントックはトウモロコシの染色体を研究し、その研究が抗生物質に耐性のあるバクテリアの発見とアフリカ眠り症への有効な治療法につながりました。

マリア・ゲッパート・メイアー（Maria Goeppert Mayer、1963年 物理学）

発明大集合

マリアは原子核構造を研究しました。第二次世界大戦中、彼女は原子爆弾プロジェクトのための同位元素分離に取り組みました。

リタ・レビ＝モンタリシニ（Rita Livi-Montalicini、1986年 医学）

リタはイタリアの神経発生学者であり、1954年の神経発達因子の発見で有名。この因子は神経細胞の成長をうながし、アルツハイマー病のような退行性の病気において何らかの役割を果たしている、以前には知られていなかった蛋白質でした。1986年、彼女はノーベル医学賞を受けました。

ドロシー・クローフット・ホジキン（Dorothy Crowfoot Hodgkin、1964年 化学）

ドロシーはペニシリンとビタミンB12の構造を発見しました。彼女は悪性貧血治療に欠かせない生化学合成物の構造を決定づけた功績で、ノーベル賞を受けました。

ガートルード・エリオン（Gertrude Elion、1988年 医学）

ガートルード・エリオンは、発明者栄誉殿堂入りを果たした唯一の女性発明家。彼女は白血病治療に役立つ薬剤、6-マーカプトプラインを発明しました。その後の研究は、外部組織への身体上の拒絶反応を抑制する6-マーカプトプラインの派生薬であるイムラン開発へとつながりました。

ロザリン・サスマン・ヤロー（Rosalyn Sussman Yalow、1977年 医学）

ロザリン・ヤローは放射免疫検定法を発見した功績で、ノーベル賞を受けました。これはホルモン、ウイルス、ビタミン、酵素、薬剤の濃度を測定するのに放射能同位元素を用いる身体組織の検査法でした。

病気と闘う女性たち

エイズ（AIDS）

1988年、ジェーン・ライドアウト（Jane Rideout）を班長とする研究班がAZTの特許を取りました。この薬は免疫不全症候群、つまりエイズと戦うために用いられます。

無呼吸症（Apnea）

研究者であり小児科看護婦でもあるメアリー・ホーン（Mary Horn）は、幼児突然死症候群と戦うための無呼吸症早期発見装置を開発しました。これは眠っている幼児に取りつけられ、幼児の呼吸を監視する装置。もし呼吸が停止すれば、アラームが鳴るようになっています。

アプガール検査法

バージニア・アプガール（Virginia Apgar）は今では世界中で用いられているアプガール・スコア（新生児の色・心拍数・反射感応性・筋緊張度・呼吸努力の各項目を0、1、2の指数で採点する方法）を考案しました。これは、新生児の全面的状態を出生1分以内に評価する方法です。

嚢胞性線維症

ドロシー・ハンサイン・アンダソン（Dorothy Hansine Anderson）は、嚢胞性線維症を特定した最初の人物でした。彼女は、この病気を初期段階で診断する簡便な方法を考案しました。

髄膜炎

ハッティー・エリザベス・アレクザンダー（Hattie Elizabeth Alexander）は髄膜炎血清を開発しました。これが発見されるまで、この病気の幼児における死亡率は100％でした。

殺菌剤

レイチェル・ブラウン（Rachel Brown）とエリザベス・

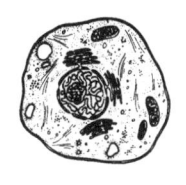

ヘイゼン（Elizabeth Hazen）の二人は、1948年に抗生物質のナイスタチンを発見しました。ナイスタチンは初めての安全な殺菌剤であり、1928年のペニシリン発見以来最大の生物医学的進歩とされていました。ナイスタチンは水虫を含めて、非常に広範囲に渡る病気の治療に用いられています。

くる病

マーサ・エリオット（Martha Eliot）は、くる病治療法の共同発見者。くる病は骨の成長に欠陥をもたらす病気で、その治療法はタラの肝油投与と十分な日光浴です。

癌

グラディス・アンダソン・エマーソン（Gladys Anderson Emerson）は小麦の胚芽油からビタミンEを分離させました。その研究のおかげで、癌と栄養素との因果関係への理解が一層深まりました。

ブラセル病

アリス・エバンス（Alice Evans）は、致死の病気、ブラセル病、別名波状熱の原因を突き止めました。この病気の原因は汚染されたミルクでした。

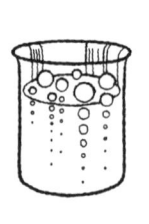

単球増加症

カレン・エリザベス・ウィラード＝ガーロー（Karen Elizabeth Willard-Gallo）は、伝染性単球増加症の早期発見法を考案し、その特許を取りました。

小児麻痺（Polio）

ドロシー・ホーストマン博士（Dr. Dorothy Horstman）は、初期段階でのポリオ・ウイルスを特定しました。彼女の発見はワクチン開発の重要な要素となりました。

リューマチ熱

レベッカ・ランスフィールド（Rebecca Lancefield）は、リューマチ熱の原因となる有機体を最初に分類した功績が認

「私はそうせざるをえないから発明をするのです。私は霊感で発明をします」。これは、多種類の発明をしたため「女性エジソン」と呼ばれたビューラ・ルイーズ・ヘンリー（Beulah Louise Henry）のことば。

められています。

ホジキン病（悪性リンパ腫）
　ドロシー・メンデンホール（Dorothy Mendenhall）は、ホジキン病を発生させる細胞を特定しました。

眠り病
　ルイス・ピアス（Louise Pearce）は、眠り病を治療する血清の共同発明者でした。

人脈を作る

友達同士、姉妹同士、母娘同士、みな強い人間関係です。人のつながりは、血縁によろうと、友情に基づいていようとも、いずれにせよ長続きさせることができます。ここでは女性同士の名高い人間関係について調べることにしましょう。

姉妹列伝

　古今東西を問わず、数々の内輪もめをする姉妹、姉妹歌手、物書き姉妹、それに隠れ姉妹などが存在しました。有名になったものもあれば、忘れ去られたものもあります。ここではこうした姉妹列伝のうちのいく例かを紹介します。

姉妹歌手

- アンドルーズ姉妹（Andrews Sisters）、パティ（Patti）、マクセーヌ（Maxene）、ラバーン（Laverne）は1940年代の人気歌手トリオでした。3人は姉妹げんか防止策として、歌を歌い始めたのです。その2曲のヒットソング、「ビヤ樽ポルカ」と「ブギウギ、らっぱ少年」のおかげで、生涯レコード売上げ枚数が600万枚を突破しました。

- ボズウェル姉妹（Boswell Sisters）、コニー（Connee）、マーサ（Martha）、ヘルビーシャ（Helvetia）は歌い、かつピアノ、ギター、バイオリン、バンジョーで自らの歌の伴奏をしました。彼女らの最も人気のあったレコードは、「絵の中にいるべき君よ」の1930年版でした。

- ハードロックバンドのハート（Heart）は、ナンシーとアン・ウィルソン（Nancy and Ann Wilson）という姉妹を売りものにしています。「あなたに夢中」などの曲でヒットチャートにのりました。

- ハイアー姉妹（Hyer Sisters）は、アンナ（Anna）、エンマ（Emma）の二人で、南北戦争後に巡業に出た初めての黒人女性歌手でした。アンナはソプラノ、エンマはコントラルトでした。二人は、アリア、バラード、黒人哀歌などの幅広いレパートリーを持つ、人気の高いデュオとなりました。

- キング姉妹（King Sisters）は、1930年代の大楽団時代に有名になったボーカル・グループでした。ドンナ（Donna）、ルイーズ（Louise）、アリス（Alyce）、イボンヌ（Yvonne Sisters）の姉妹は、「キング・ファミリー」

「女性における同士関係は強力だ」はキャシー・サラチャイルド（Kathie Sarachild）が造り出したスローガンです。彼女は1968年、首都ワシントンでのウーマンリブ大会で配布したパンフレットにこの言葉を載せました。

というテレビ番組で、1960年代中頃には再びその人気を取り戻しました。
- レノン姉妹（Lennon Sisters）のペギー（Peggy）、キャシー（Kathy）、ジャネット（Janet）、ダイアン（Diane）は、娯楽音楽番組、ローレンス・ウェルク・ショー（The Lawrence Welk Show）の目玉となるレギュラー出演者となりました。
- マグワィアー姉妹（McGuire Sisters）は、1950年代の人気トリオでした。ドロシー（Dorothy）、フィリス（Phyllis）、クリスティーン（Christine）の3姉妹は、そのヒット曲、「心をこめて」で最もよく記憶されています。
- ポインター姉妹（Pointer Sisters）のルース（Ruth）、アニタ（Anita）、ボニー（Bonnie）、ジューン（June）は、1970年代に登場したシンガーソングライターであり、スマートな衣服をまとい、ポップ、ロック、カントリーアンドウェスタンなど歌いました。そのヒット曲の一つは「激しく燃えて」でした。

ソロ姉妹
- カントリーミュージックのソロ歌手、ロレッタ・リン（Loretta Lynn）とクリスタル・ゲール（Crystal Gale）は姉妹。
- ポップ歌手、ジャネット・ジャクソン（Janet Jackson）はラトーヤ・ジャクソン（Latoya Jackson）と姉妹。

作家姉妹
- ブロンテ（Bronte）姉妹のアン（Anne）、シャーロット（Charlotte）、エミリー（Emily）はみな作品を出版した作家でした。母親は、末娘アンの出生1年後に死亡したので、3人姉妹はエリザベス・ブラウンウェル（Elizabeth Branwell）という叔母に育てられました。姉妹はイングランドの荒野でその人生の大半を孤立したまま過ごしました。出版された処女作は詩集でしたが、彼女らはそれぞれ

人脈を作る　　165

ペンネーム、カラー（シャーロット）、エリス（エミリー）、アクトン（アン）を用いました。エミリーは『嵐が丘』(*Wuthering Heights*) を書き、アンは『アグネス・グレイ』(*Agnes Grey*) を書き、シャーロットは『ジェーン・エアー』(*Jane Eyre*) を書きました。シャーロットはその著作で成功を収めましたが、『ジェーン・エアー』出版（1847）の1年以内に二人の姉妹が死亡したため、その成功は暗い悲しみを伴うものとなりました。

● ディレイニー（Delaney）姉妹のセイラ（Sarah――サディー "Sadie"）とアニー・エリザベス（Annie Elizabeth――ベッシー "Bessie"）は、その回顧録『セイディーとベッシー ―アメリカ200年を生きた私たち―』(*Having Our Say: The Delaney Sisters' First Hundred Years*) を書きました。その時、彼女らはそれぞれ103歳と101歳でした。彼女たちは黒人奴隷の娘でしたが、やがて専門職で名をなすようになりました。ベッシーは、ニューヨーク州で黒人として二人目の歯科医となり、サディーは、ニューヨーク市立高校での黒人女性初の家庭科教師となりました。彼女らの長寿の秘訣には、ヨガ、タラの肝油、毎日1回の新鮮にんにく摂取などが含まれています。

● アン・ランダース（Ann Landers）とアビゲール・バン・バーレン（Abigail Van Buren）は、新聞の人生相談欄を担当する双子の姉妹。もともとアンはエスター・ポーリン（Esther Pauline）、アビー（アビゲール）はポーリン・エスター（Pauline Esther）という名前でした。アンがまず人生相談欄への執筆を始め、1年遅れでアビゲールもスタートを切りました。両者とも大成功を収め、依然として親密です。

● 『若草物語』(*Little Women*) の著者、ルイザ・メイ・オルコット（Louisa May Alcott）には3人の姉妹がいた。アンナ（Anna）、エリザベス（Elizabeth）、メイ（May）の3人です。『若草物語』の主役たちはこの姉妹を下敷き

「お涙ちょうだい婦人記者」（Sob sisters）は、センセーショナルな犯罪を報道する女性ジャーナリストに与えられた名称だった。

にしたもの。ルイザはお転婆娘ジョーによく似ていたし、メグは一番美人、ベスは音楽の才能があり虚弱であったし、エイミイは気位が高かった。ルイザはその著作で家族や姉妹を養い、270冊の著作を出版しました。

隠れ姉妹

　隠れ姉妹とは、ほとんどの人が知らない姉妹……、歴史上やその兄弟姉妹の名声の陰に隠れてしまったものです。
　アガサ・クリスティー（Agatha Christie）はミステリー小説を量産した作家でしたが、その姉からの挑戦的な言葉への返事として最初の小説を書きました。この上なく面白い探偵小説が書けるかと問われて、アガサは『スタイルズ荘の怪事件』（The Mysterious Affair at Styles）で答えたのです。これが彼女の第一作目で、その90冊に及ぶ作品は4億部以上売れ、103か国語に翻訳されました。
　アメリカの詩人、エミリー・ディキンスン（Emily Dickinson）には、エミリー同様、実家で暮らしていて、めったに外に出ないラビニア（Lavinia）という名の妹がいました。エミリーはその生涯でたった7作の詩しか発表しませんでしたが、彼女の死後、ラビニアは、家中の秘密の場所にしまい込まれた数百にものぼる詩を発見しました。ラビニアのおかげで、エミリーの詩は全て最後には出版されました。
　ジュディ・ガーランド（Judy Gerland）は、『オズの魔法使い』（The Wizard of OZ）のドロシー役で最もよく記憶に残っている歌手兼女優ですが、ショービジネスの世界に身を投じたのは、ガム姉妹（Gumm Sisters）と一緒に歌うことによってでした。彼女は「ベビー・フランシス」という芸名で、二人の姉、メアリー・ジェーン（Mary Jane）とバージニア（Virginia）と共に軽演劇の世界で歌っていました。7歳でソロ歌手となったとき、「ジュディ」というお気に入りの曲からジュディという名前を取り、本当の姓であるガムよりは聞こえがよいという訳で、ガーランドをつけ加えること

にしました。

　ジョーン・フィシャー（Joan Fisher）は、アメリカ初のチェス世界チャンピオン、ボビー・フィシャー（Bobby Fisher）の姉であり、彼の子守役でもありました。彼が6歳で彼女が11歳の時、彼女は、放課後、週末、休暇旅行の間と、彼の世話をしてやりました。彼女はよく彼とボードゲームをしました。1949年のある日の午後、ジョーンはブルックリンの地元の菓子屋でチェスのセットを買って家に持ち帰り、ボビーにそのやり方を教えました。彼女はチャンピオン誕生に手を貸した隠れた姉だったのです。

　例の『アンネの日記』（The Diary of a Young Girl）で永遠に私たちの心に残っているアンネ・フランク（Anne Frank）。だが、彼女にマーゴット（Margot）という姉がいたことを知る人がどれだけいるでしょうか。その姉はアンネと一緒にナチの目を逃れて生活し、強制収容所で同じような非業の最期をとげました。日記の中でアンネは、自分の両親、特に母親が自分より姉をえこひいきしていると書いて、姉妹間によく見受けられるたぐいのジェラシーを表していました。マーゴットはアンネより学業成績は良く、大人からも好意を寄せられていました。アンネはまた、一緒に隠れていたペーター・バン・ダーアンズ（Peeter Van Daans）がマーゴットにすっかり夢中だと思っていました。アンネとマーゴットはふたりとも、ドイツのバーゲン・ベルゼンの強制収容所で、発疹チブスにかかって死亡しました。

　アレサ・フランクリン（Aretha Franklin）は「ソウルミュージックの女王」と称されていますが、彼女にはアーマ（Irma Franklin）という才能に恵まれた姉がいました。アーマ・フランクリンはソングライターであり、彼女の最も有名な曲「ピース・オブ・ハート」（Peace of my Heart）は、ジャニス・ジョプリン（Janis Joplin）によりレコーディングされました。他の曲は、妹であるアレサによってレコーディングされています。

ファニー・メンデルスゾーン（Fanny Mendelssohn）は才能ある演奏家であり作曲家でしたが、その生涯の大半を、かの有名な弟、フェリックス・メンデルスゾーン（Felix Mendelssohn）の音楽コンサルタントとして送りました。彼女の父も弟も、女性が人前で演奏したり、曲を発表したりすることをよしとしなかったので、ファニーはずっと隠れた姉としての存在でした。メンデルスゾーン一家は1800年代のドイツで暮らしましたが、フェリックス・メンデルスゾーンの音楽は今日でもなお、クラシック演奏家により演奏されています。

　ボルフガング・モーツアルト（Wolfgang Mozart）は天才少年であったが、姉のナーナル（Nannerl）もまた天才少女でした。父は彼らがちゃんと坐れるようになると、鍵盤楽器、クラビアーの弾き方を教えました。姉弟はそれぞれ10歳と5歳で、ヨーロッパの宮廷のための演奏を始めました。宮廷ではその見事な演奏に対し、金貨銀貨のご祝儀を雨あられと浴びせられました。ボルフガングはその後、後世にその名を轟かすような名曲を作曲しました。

　ドロシー・ワーズワース（Dorothy Wordsworth）と彼女の兄、ウィリアム（William）は風光明媚なイングランドの湖水地方で育ちました。その風景がウィリアムが詩作するときにインスピレーションを与えてくれたのです。ウィリアムにとって、もうひとつのインスピレーションはドロシーの書き物でした。ドロシーは作品を出版したことはありませんでしたが、その日記や手紙類を読むと、ウィリアムがしばしば、自然や田園地帯を徘徊する素朴な人びとについての彼女の叙情的な表現を借用していたことがわかります。

どちらも秀でた姉妹たち
● ハリエット、キャサリン・ビーチャー（Harriet and Catharine Beecher）
　ハリエット・ビーチャーは『アンクルトムの小屋』（*Uncle*

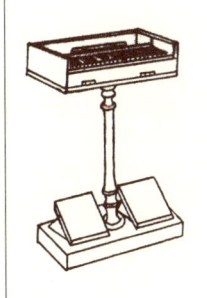

Tom's Cabin）の作者で、キャサリン・ビーチャーは女性の高等教育のために尽力した著名な教育者でした。彼女はハートフォード女子専門学校を創立し、その校長となりました。

●エリザベス、エミリー・ブラックウェル（Elizabeth and Emily Blackwell）
エリザベス・ブラックウェルはアメリカで最初の女性医学博士でした。エミリー・ブラックウェルもまた内科医でした。彼女らは手を携えて、1868年にニューヨーク婦人科小児科病院を設立しました。

●ナーディア、リリー・ボウランジャー（Nadia and Lili Boulanger）
ナーディア・ボウランジャーは女性で初めてボストン交響楽団を指揮し（1939年）、リリーは24歳で夭逝した作曲家で、遺産として50曲以上の作品を残しました。

●ジョーン、ジャッキー・コリンズ（Joan and Jackie Collins）
ジョーン・コリンズはテレビ女優、ジャッキーは大衆小説の作家。

●エバ、ザザ、マジダ・ガーボア（Eva, Zsa Zsa and Madgda Gabor）
この3姉妹はみな女優、テレビタレント。

●サラ、アンジェリナ・グリムキ（Sarah and Angelina Grimke）
この姉妹はともに奴隷制反対に生涯を捧げました。1830年、彼女らは米国反奴隷制協会での初めての女性講演者となりました。

●エマ、ジョセフィーン・ラザラス（Emma and Josephine Lazarus）
エマは詩人であり、自由の女神像の台座に刻みつけられた十四行詩「新しい巨像」でよく知られています。ジョセフィーンはアメリカへやってきた移民の救済に生涯を捧げた

ハリエット・ビーチャー・ストウ

「母の花園を探し求めて、私は自分の花園を見出した」
―アリス・ウォーカー（Alice Walker）

ソシアルワーカーでした。
- リン、バネッサ・レッドグレーブ（Lynn and Vanessa Redgrave）
  この英国人姉妹はどちらも女優。
- 宋慶齢、宋美齢
  このふたりはかの有名な中国の宋姉妹で、宋美齢は権力をほしいままにした蒋介石夫人となりました。宋慶齢は著名なソシアルワーカー。
- ジョーン・フォンティン（Joan Fontaine）、オリバー・デハビラント（Olivia de Havilland）
  この姉妹はどちらも女優。
- ティア、ターメイラ・モーリー（Tia and Tamera Mowry）
  この双子の姉妹は、幼年期からコマーシャル・モデルや女優業をこなしてきました。1994年に16歳となり、テレビ番組「シスター、シスター」のレギュラーとなりました。

この母にして、この娘あり

ここに挙げる女性たちは母親の足跡を継承しました。

印刷業者

- サラ・ゴダッド（Sarah Goddard）は、植民地時代のアメリカの印刷屋でした。娘のキャサリーン（Katherine）は「独立宣言」を最初に印刷した人物です。

男女同権主義者

- ルーシー・ストーン（Lucy Stone）は、19世紀の婦人参政権運動の指導者のひとりであり、アリス・ストーン・ブラックウェル（Alice Stone Blackwell）（ブラックウェルは父の名）という娘がいました。アリスもまた男女同権論者であり、女性の権利運動では非常に積極的でした。
- エリザベス・キャディ・スタントン（Elizabeth Cady Stanton）の娘、ハリエット・スタントン・ブラッチ（Harriet Stanton Blatch）は、1907年、自立する女性

今日では、「ルーシー・ストーナー」（Lucy Stoner）というニックネームは、結婚後もその姓を変えようとしない女性につけられる。

人脈を作る　171

の平等権連盟を発足させました。エリザベスは19世紀の女性解放運動のリーダーのひとりでした。

ならず者
● ベル・スター（Belle Starr）は、西部荒野の「あらくれ女王」と呼ばれていました。彼女はアウトローで、謎の死をとげましたが、娘のパール（Pearl）もまた無法者となりました。

科学者
● マリー・キュリー（Marie Curie）と娘のアイリーン・ジョリオット・キュリー（Irene Joliot Curie）は、どちらもノーベル物理学賞受賞者です。

軍人
● レオラ・ホプキンズ（Leola Hopkins）は第二次世界大戦勃発後、米国海軍に入隊した最初の女性です。彼女の母親は第一次世界大戦中、婦人海兵隊予備役隊の伍長でした。

芸能人
● ライザ・ミネリ（Liza Minelli）は歌って踊れる芸能人ですが、母のジュディ・ガーランド（Judy Garland）は歌手でダンサーで女優でした。
● メイベル・カーター（Maybelle Carter）は、アメリカのカントリー・アンド・フォークのグループ、カーター・ファミリー（Carter Family）の創設メンバーでした。グループ解散後、メイベルとその娘たち、ジューン（June）、アニタ（Anita）、ヘレン（Helen）は、テネシー州、ナッシュビルの人気ラジオ番組「グランド・オール・オプリー」のレギュラーとなりました。後年、"マザー"メイベルと娘たちはカントリーミュージック王国を築きました。
● ミッシェル・フィリップス（Michelle Phillips）は、70年代のシンギンググループ「ママス・アンド・パパス」

（The Mamas and the Papas）のメンバーでした。その娘のシャイナ・フィリップス（Chynna Phillips）は最近、人気トリオ、ウィルソン・フィリップス（Wilson Phillips）の歌手となりました。
- キーシャ・ジャクソン（Keisya Jackson）は15歳で、母親であるソロ歌手ミリー・ジャクソン（Millie Jackson）のバックコーラスで歌い始めました。その後、一本立ちし、1994年までに2枚の人気アルバムを出しています。

作家
- ヒルマ・ウィルマ・ウォルツアー（Hilma Wilma Wolitzer）は子供や犬を抱きながら、キッチンテーブルで小説を書き始めました。そうした子供らのひとり、メグ（Meg）は1994年、処女作『生涯の友』（Friend for Life）を出版しましたが、それと同時に、母親の方は小説『愛のトンネル』（Tunnel of Love）を刊行しました。このふたりは一緒に7都市を巡るキャンペーン旅行に出向きました。

最良の友

　親友とは誠実で信頼でき、共通の興味を持てる人たちです。ここでは親友である有名女性をいく組か照会しましょう。
　アン・サリバン（Ann Sullivan）は家庭教師として雇われて、ヘレン・ケラー（Helen Keller）と出会いました。アンは20歳、ヘレンは7歳でした。ヘレンは1904年に『わが人生の物語』（The Story of My Life）を書きましたが、その中で、アン・サリバンは自分を怒りっぽい子供から世界で最も教養のある目と耳の不自由な人間に変身させてくれた、と述べています。その師弟関係は真の友情へと進みました。1936年にサリバンが死去するまで、ふたりは49年間一緒に生活しました。

雑誌 Sassy が Ms の「娘」誌であることを知っているだろうか。両誌は同じ出版社から刊行されている。

ライオット・ガオーズ（Riot Grrrls）は、フェミニストでロック・ファンの10代から20代の行動派女性のグループ。このグループは、地下出版のミニコミ紙やファン紙で、全国のライオット・ガオーズと連絡を取り合っている。

> **強い友情をずっと続けて**
>
> すぐれた友情物語を読みたければ、次の本を読んでみてください。
> ● L・M・モンゴメリー（L. M. Montgomery）著『赤毛のアン』（*Anne of Green Gables*）。この本の中では二人の少女、アン・シャーリー（Anne Shirley）とダイアナ・バリー（Diana Barry）が親友となります。
> ● ケイト・ダグラス・ウィギン（Kate Douglas Wiggin）著『少女レベッカ』（*Rebecca of Sunnybrook*）は、レベッカ・ランダル（Rebecca Randall）とエマ・ジェーン・パーキンズ（Emma Jane Perkins）の友情物語。
> ● モード・ハート・ラブレイス（Maude Hart Lovelace）のベツィ、ターシイ、ティブにまつわるいくつかの短編小説では、少女時代から高校時代を通してベツィが結婚するまでの、ベツィ・レイ（Betsy Ray）、ターシイ・ケリー（Tacy Kelly）、ティブ・マラー（Tib Muller）の友情を年代記風に記述しています。

ガートルード・スタイン（Gertrude Stein）の初めて売れ行きがよかった書物は『トクラスの自伝』（*The Autobiography of Alice B. Toklas*）でした。アリス・B・トクラス（Alice B. Toklas）は40年に及ぶガートルード・スタインの親友でした。その書物の中で、スタインはトクラスが自分の校正係兼客の選別係（訪問客が多かったから）兼腹心の友であったと述べています。アリスはまたスタインが1946年に発病して死去した時は看護婦をつとめました。

男女同権主義者のエリザベス・キャディ・スタントン（Elizabeth Cady Stanton）とスーザン・B・アンソニイ（Susan B. Anthony）は、1851年に出会って親友となりました。女性の権利という同じ大義のために働いたので、ふたりは同じように考え、一緒に戦い、婦人参政権運動の土台となりました。

アン・ボニイ（Anne Bonny）とメアリィ・リード（Mary Read）は、海賊で親友同士でした。メアリィが捕えられ、アンの海賊船で連れ出された時、ふたりは知り合いました。両者共男に変装していましたが、お互いに相手の変装に気づいた時、離れがたき友となりました。ふたりは1720年に逮捕

され、海賊として裁判にかけられました。アンのその後の身の上は不明ですが、メアリィは熱病で獄死しました。

女性のための組織

少女社（Girl's Inc.）
30 East 33rd Street, New York, NY 10016　Tel. (212) 689-3700
これは女子に数学、科学、性教育講座を提供する全国的な研究・運動グループ

U.S.A.ガールスカウト
420 Fifth Avenue, New York, NY 10018-2702

YMCA（キリスト教女子青年会）
716 Broadway, New York, NY 10003
ダンス、ヨガ、水泳、美術のクラスを提供しています。

YWHA（ユダヤ教女子青年会）
15 East 26th Street, New York, NY 10010
女性のためのMs財団（Ms. Foundation for Woman）

141 5th Avenue, New York, NY 10010
「娘を職場に連れて行こう」運動の主催者である同財団の目標は、性差別撤廃と社会における全ての女性の地位向上である。

女性スポーツ財団（Women's Sports Foundation）
342 Madison Avenue, New York, NY 10173-0728
「女性を応援席から競技場へ連れ出そう」運動を主催する。

NOW（全米女性協会、National Organization for Women）
1000 16th Street, N.W., Washington, D.C. 20036
アメリカ最大の女性権利協会、NOWは女性を社会の中枢に連れ出す運動を主催しています。

ニューヨーク州、セネカフォールズの国立女性栄誉殿堂を訪れると、そこでは母、娘、姉妹たちが名誉と評価を与えられている。

人脈を作る　175

FUTURE（責任教育を保証するために10代を統合する女性の会、Females Unifying Teens to Undertake Responsible Education）

カリフォルニア州、サンレアンドロで若い女性が結集したグループ。このグループがサンフランシスコ地区の400名の10代の若者を調査したところ、その5大不安とは、ストレス、性衝動、性的暴行、自殺、妊娠であると判明しました。

名前について

「名前にはどんな意味が込められているのだろう」という質問を聞いたことがありますか？ フェミニストのエリザベス・キャディ・スタントン（Elizabeth Cady Stanton）は次のように答えています。「名前にはとても多くの意味が含まれています。女性を、ジョン・○○夫人やトム・○○夫人と呼ぶ習慣は、男性が社会を支配しているという原理に基づいて成立しています。私はその原理を正しいは認めません。よって、他の人の名を用いて呼ばれることには耐えられないのです」。名前について語ることはたくさんあります。名前に込められた意味を見てみましょう。

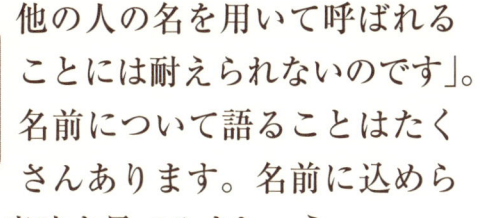

コードネーム？

あなたは自分の母親の結婚前の姓を知っていますか。旧姓のことをメイドンネームといいます。アメリカやヨーロッパの多くの国々では、伝統的に女性は結婚すると夫の姓を名乗ります。たとえばジョン・スミス（John Smith）という男性と結婚すると、ジェーン・ドウ（Jane Doe）はジェーン・スミス（Jane Smith）となります。ドウがジェーンの旧姓となるのです。銀行やクレジットカード会社が、母親の旧姓をたずね、旧姓を身分証明の記号に用いることは今でも広く行われています。

1960年代に入ると、多くのアメリカの女性は、結婚時に自分の姓を夫の姓とハイフンでつなげるようになりました。また単に自分の名前の後に夫の姓をつける人もいて、今の大統領夫人はヒラリー・ロッダム・クリントン（Hillary Rodham Clinton）です。またルーシー・ストーン（Lucy Stone）のように、結婚後も自分の名前だけを通す人もいます。

中国では、子供は米の料理を初めて食べたときに、秘密の魂の名前をもらいます。このため、これを米の名前と呼びます。

スペインとポルトガルでは、女性が自分の名の後に英語の"and"に当たる"y"を用いて夫の姓をつける習わしがあります。ロサ・ロペス（Rosa Lopez）という女性がジュアン・ガルシア（Juan Garcia）という男性と結婚すると、ロサ・ロペス・イ・ガルシア（Rosa Lopez y Garcia）となります。

ユダヤ人男性の中には、妻の姓をもらう人もいます。これ

ルーシー・ストーン（Lucy Stone）は19世紀のフェミニストで、社会改革論者。彼女は、旧姓で一生を通した最初で最も有名な女性である。"ジョン・スミス夫人"というように、夫の名で呼ばれることに反対する「ルーシー・ストーン協会」が1969年に設立された。

は特に妻の家系が著名な場合か、妻が家計を支えている場合に見られることです。"エスターマン"（Estermann）という名は"エスターの夫"を意味し、"ディエンズマン"（Dienesmann）なら"ディナの夫"であり"パールマン"（Pearlman）は"パールの夫"のことです。

　アイスランドでは、娘の姓はその娘の名と父の名をくっつけてできます。アイスランドで最初の女性大統領であったビグディス・フィンホガドター（Vigdis Finnbogadottir）の名は、"フィンホガの娘のビグティス"を意味しています。

　テクノニミーとは、最初の子を持った後で名前をつける部族の慣習です。たとえば子供に"ソア"という名がつくと、母親は"ソアの母"という名がつき、父親は"ソアの父"という名前になります。この慣習はオーストラリアやメラネシアで見られます。

ニックネーム

　ニックネームを最初に用いたのは古代ローマ人でした。ニックネームとは親しみや冗談の意をこめてつけられる名前です。有名なものを見てみましょう。

「アメリカ最初のリバー（リブ活動家）」
　スーザン・B・アンソニー（Susan B. Anthony）は女性参政権運動のリーダーでした。

「流血好きのメアリー」
　女王メアリーⅠ世（Queen Mary I, 1553-1558）はイギリスの女王でカトリック教徒。プロテスタントに対する迫害でこの名がつきました。

「カラミティ（不幸を予言する）・ジェーン」
　本名はマーサ・ジェーン・キャナリー（Martha Jane Cannary）。早馬便の騎手としての荒っぽい手柄を自慢したためにつけられたニックネーム。

名前について　179

「鉄の女」
　イギリスの前首相、マーガレット・サッチャー（Margaret Thatcher）には、その意志の強さから、このニックネームがつけられました。

「レモネード・ルーシー」
　ルーシー・ヘイズ（Lucy Hayes 1831-1889）は、ルザーフォード・B・ヘイズ（Rutherford B.Hayes）大統領夫人でしたが、彼女はホワイトハウスでは、酒を出さなかったことから、このニックネームが生まれました。

「モーゼ」
　ハリエット・タブマン（Harriet Tubman 1820-1913）についたあだ名。これは、ちょうど聖書の中でモーゼが人々を率いて約束の地に向かったように、黒人奴隷をアメリカ南部から自由な北部へと連れていったため。

「ポカホンタス」
　ポカホンタス（Pocahontas 1595-1617）とは、アメリカ先住民の王女マトアカ（Princess Matoaka）の名前ですが、実際はニックネーム。ポカホンタスとは、「おちゃめな」という意味。

「不沈のモリー・ブラウン」
　モリー・ブラウン（Molly Brown 1867-1937）は、1912年のタイタニック号沈没の際に乗船していて、その勇敢さで世界的な賞賛を受けました。手にピストルを持ちながら、彼女は女子供が優先という海での伝統を守らせ、ボートの漕ぎ手をまとめ、けが人を助けました。記者に、なぜ生き残れたのかを尋ねられたとき、彼女は"私は沈まないのよ"と答え

たので、ニックネームとして、「不沈の」という名がつきました。

女性抜きの名称

英語には女性を含まない名称がたくさんあります。そこで一方の性を表さない語と、それに代わる両性を表すことのできる語の表を見てください。

一方の性を表す語　男女共通の語

一方の性を表す語	男女共通の語
Adman	Ad writer（広告制作者）
Brotherhood of man	Humankind, human family（人類）
Caveman	Cave dweller（穴居人）
Chairman	Chair, chirperson（議長）
Cleaning lady	House cleaner（清掃人）
Common man	Human, common citizen（一般市民）
Cover girl	Cover model（カバーモデル）
Fatherland	Homeland（祖国）
Fisherman	Fisher（漁師）
Forefather	Ancestor（祖先）
Foreman	Supervisor（監督）
Founding fathers	Founders（創始者）
Leading lady	Lead（主役）
Mailman	Mail carrier, postal worker（郵便配達人）
Man about town	Worldly person（世慣れた人）
Man in the street	Average person（普通の人）
Mankind	Humankind, humanity（人類）
Man-made	Artificial（人工の）
Manpower	Work force, employees（労働力）
Manpowered	Human powered, people powered（人力の）
Old maids (popcorn)	No-pops, unpopped corn（はじけさせないコーン）
Old wives' tale	Superstition, folktale（迷信）
Policeman	Police officer（警察官）
Showgirl	Performer, dancer（ショー出演者）

1984年、ミネソタ州議会は州法から男女差別につながるあらゆる言葉を除去するよう命じました。2年間の改訂作業ののち、新法が採用されました。20,000の代名詞のうちでたった301が女性形でした。"His"は10,000回、"he"は6,000回書き直されました。

Waterboy	Water carrier（給水員）
Weatherman	Weather forecaster, meteorologist（気象予報士）

言葉ウォッチャーズ

　あるものをその通りに呼んでみることで、自身の言葉使いに気をつけてみましょう。-essや-etteで終わる名前は、可愛らしさや小さいこと、それが対をなす男性側よりも小さい方であることを表しています。男女にかかわらず、詩人という意味は、poetという語で表し、女性の詩人をpoetessなどと呼ぶべきではありません。以下の表は、性別をはっきり含む語の代わりに用いるべき、性別を問わない語を示したものです。

> 「私を絶対 "Jock-ette（jockey「騎手」の女性形）" とは呼ばないで下さい」とは米国の騎手のロビン・スミス（Robyn Smith）の言葉である。

> 看護士はnurseであって、male nurse（男性の看護婦）とはいわない。

性別を問わない語		女性を指す語	
ACTOR	俳優	ACTRESS	女優
AUTHOR	作家	AUTHORESS	女流作家
AVIATOR	飛行士	AVIATRIX	女性飛行士
COMEDIAN	喜劇俳優	COMEDIENNE	喜劇女優
DRUM MAJOR	楽隊長	DRUM MAJORETTE	バトントワラー
ENCHANTER	魅惑的な人	ENCHANTRESS	魅惑的な女性
HEIR	相続人	HEIRESS	女性相続人
HERO	英雄	HEROINE	女性の英雄
HOST	主人	HOSTESS	女主人
LAUNDERER	クリーニング店主	LAUNDRESS	女性のクリーニング店主
POET	詩人	POETESS	女流詩人
SINGER	歌手	SONGSTRESS	女性歌手
SORCERER	魔法使い	SORCERESS	女魔法使い
STAR	スター	STARLET	女性スター
USHER	案内係	USHERETTE	女性の案内係
WAITER	給仕人	WAITRESS	女性給仕人

対等に性別を分ける

男女について述べたり、書いたりするとき、対等の言葉を用いなければなりません。たとえば"man"（男性）と"wife"（妻）は対等ないしは同等ではありませんから、"man"と"woman"（女性）と組み合わせるのです。他の組合せの例をあげます。

gal（女）	girl（女の子）	lady（淑女）	lass（小娘）
guy（男）	boy（男の子）	gentleman（紳士）	lad（若い男）

matriarch（女家長）	woman（女性）	wife（妻）	witch（魔女）
patriarch（家長）	man（男性）	husband（夫）	warlock（男の魔法使い）

おかしいと思ったことはありませんか？

● 「自然」を「母なる自然」というのはなぜ？

● 軍艦や船、そして車をよく「それ（it）」ではなく「彼女（she）」で表すのはなぜ？

● "man-made"は男性に作られたもの、それとも人間の作ったもののどちらを意味するのか。

● 手紙に"Dear Sir"（拝啓）と書いてあるのは、受け取り手がいつも男性ということなのですか？

● 男性のMr.（ミスター）という語に対し、女性のためにMs（ミズ）という語が生まれた最近まで、Miss（ミス）とMrs.（ミセス）という二つの語が女性を表すのに用いられてきたのはなぜですか。

● オールド・メイド（Old Maid）、ばば抜きというトランプのゲームに新しい名前をつけるとしたら何がいいでしょう。

● bachelor（独身男性）という語がspinster（オールドミス）の同等な語と考えられているのはなぜでしょう。この二つの語は対等の意味を表していないのに。この二つの語を「独身」や「未婚」という語におきかえたら、どうでしょうか。

名前について　183

一語でいうと、あなたは誰？

　Daughter（娘）、black（黒人）、average（平均）、independent（独立している）、friendly（親しみのある）、gymnast（体操選手）、student（学生）、dancer（ダンサー）、nerd（変わり者）……あなたが自分自身を指す言葉として、一つ選ぶとしたら、どれを選ぶでしょうか。ここでは、有名な女性が自分を指すのにどんな言葉を選んだかを見てみましょう。

Woman（女性）。1851年、ソジャーナ・トゥルース（Sojourner Truth）は、オハイオ州での女性の大会で「私は女性ではないのか」という有名な演説をしました。

Kind（親切な）。テニスの女王マルチナ・ナブラチロワ（Martina Navratilova）

Indescribable（筆舌に尽くしがたい）。作家のマーガレット・アトウッド（Margaret Atwood）

Eartha（アーサ）。自分は大地（Earth）から生まれたので、アーサは自分を完全に表している、と歌手のアーサ・キット（Eartha Kitt）は語っていました。

Passionate（情熱的な）。身の回り全てがおもしろいから、デザイナーのダイアン・フォン・フォースタンバーグ（Diane Von Furstenberg）は自分をこう言い表しました。

Busy（忙しい）。フォード・モデル事務所のアイリーン・フォード（Eileen Ford）会長

Ambition（野心）。この言葉はフェミニストで社会批評家のカミール・パグリア（Camille Paglia）をよく言い表しています。というのも彼女は次のように言っていたから。「野心を持つことで私はいつも才能を伸ばすことができたの」

Vim（気力）。これは、ニューヨーク市立大学学長のW・アン・レイノルズ（W. Ann Reynolds）を言い表しています。というのも彼女は、「努力を続ける妻であり、母であり、娘であり、妹であり、叔母であり、またかつては科学者であり、

今は教育者で、またいつでも学生」であり続けたからです。
Forward（前進）。女優で劇作家のアンナ・デビア・スミス（Anna Deavere Smith）
Moody（憂鬱）。作家のスザンナ・ケイセン（Susanna Kaysen）

名前の力

- アメリカの先住民の中には二つの名前を持つ人々がいます。そのうちの一つは、自分を超えて他人に力を与えるため公にされません。
- 生まれた曜日から子供に名前をつけるのは、西アフリカの人々によくあることです。日曜日はアウシー（Awushei）、月曜日ならアドジョア（Adojoa）、火曜日はアブラ（Abla）、水曜日はアク（Aku）、木曜日はアウォ（Awo）、金曜日はアフア（Afua）、そして土曜日に生まれるとアマ（Ama）と名づけられます。
- 17世紀のヨーロッパでは、人々は名前のつづりを変えた別名を作りました。つづりを変えてできたその名がその人の性格を表すと信じていたのです。テレサ（Teresa）はせがむ人（teaser）であり、パット（Pat）は優秀（apt）を表し、グレタ（Greta）は偉大（great）であり、ドラ（Dora）は道（road）を旅する者となります。
- 始めから読んでも終わりから読んでも同じつづりになる名前には、アバ（Ava）、アンナ（Anna）、ハナ（Hannah）がある。
- かつて北西アフリカの山岳地域に、人に名前をつけない部族がありました。この小さな孤立した部族は、古代ローマの歴史学者、プリンニー（Pliny）によって記録されています。
- 北アメリカのインディアンのオジブウェイ族では、かつて自分の夫や妻の名を口にすると災いが起こると考えられていました。

- イヌイット（エスキモー）の中には、年をとると、新たに名前をつける人がいます。これは、新しい名前が新しい力を与えてくれることを願ってのことなのです。
- インドネシアでは、大きな不幸や重い病気をした後で名前を変えることがあります。不幸をもたらす精霊を、新しい名で混乱させることができると信じているからです。

女の子です―いや、男の子です。

以下の名は男女共に用いられる名前です。つづりは少し違うこともありますが、発音上は同じです。

Ashley, Ashly	Jackie, Jacky	Lynne, Lynn
Berti, Berty	Jan	Marian, Marion
Billie, Billy	Jo, Joe	Martie, Marty
Bobbie, Bobby	Joyce	Merle, Myrle
Brooke, Brook	Karen, Karin	Nikki, Nicky
Carol, Carrol	Kelley, Kelly	Paige, Page
Carey, Cary	Kerrie, Kerry	Pat
Chris, Kris	Kim	Shelly, Shelley
Evelyn	Laverne, Lavern	Shirley
Frankie, Franky	Leigh, Lee	Stacy, Stacey
Gail, Gale	Leslie, Lesley	Teri, Terry
Gerry, Jerry	Lyle	Tracie, Tracy

動物のメスの名前

動物名	そのメスの名
ANTELOPE（レイヨウ）	DOE
BADGER（アナグマ）	SOW
BEAR（クマ）	SOW
BUFFALO（水牛、野牛）	COW
CAMEL（ラクダ）	COW
DOG（イヌ）	BITCH

ELEPHANT（ゾウ）	COW
FOX（キツネ）	VIXEN
GOAT（ヤギ）	NANNY
HORSE（ウマ）	MARE
LEOPARD（ヒョウ）	LEOPARDESS
LION（ライオン）	LIONESS
MOOSE（ヘラジカ）	COW
PIG（ブタ）	SOW
POLECAT（スカンク）	JILL
RABBIT（ウサギ）	DOE
SHEEP（ヒツジ）	EWE
TIGER（トラ）	TIGRESS

女性名に由来する語―エポニム

　エポニム（eponym）というのは人名から生まれた言葉をさします。たとえば、ADAというのは、世界で最初のコンピューター・プログラマー、イギリスのオーガスタ・アダ・ラブレイス（Augusta Ada Lovelace）の名前を取ってつけられたコンピューター言語の名前です。他にどんな例があるか見てみましょう。

● 「アニー・オークリー」（Annie Oakley）とは、コンサートやスポーツの試合の無料入場券のこと。アニー・オークリーという人物は射撃の名手で、空中に投げ上げられたトランプに穴をあけることができ、その穴はパンチを入れたチケットのようだったといいます。

● 「アフロディジアック（媚薬）」（Aphrodisiac）は、ギリシアの愛の女神アフロディテ（Aphrodite）にちなんで命名されました。

● 「フィットニア」は、植物学者のエリザベス・フィットンとサラ・フィットン（Elizabeth and Sarah Fitton）の名を取った花の名前。

● 「モンテソリ」は、子供の自然な能力と自立心の成長を重

視した教育法。マリア・モンテソリ（Maria Montessori）はこの方法を発展させ、その方法による学校を開きました。
- ●「ポリアンナ」とは、とても楽観的な人物のこと。ポリアンナは、そのような性格を持ったエレノア・ホッジマン・ポーター（Eleanor Hodgman Porter）の小説「ポリアンナ」（Pollyanna）の登場人物。
- ●「ルーシー・ストーナー」は、結婚前の名前をそのまま通して使う人のこと。ルーシー・ストーナー（Lucy Stoner）は、19世紀の女性運動家で結婚後も名前を変えなかった人です。
- ●「トードリー」は、「派手な」とか「けばけばしい」ということを意味する言葉。この言葉はたくさんの宝石を身につけていた17世紀の女王、セント・オードリー（St. Audrey）の名に由来しています。
- ●「ビクトリア」は、二人乗りの四輪馬車のこと。イギリスのビクトリア（Victoria）女王の名にちなんで命名されました。
- ●「ザンティッペ」は悪妻のことである。ソクラテスの妻のクサンティッペ（Xanthippe）に由来する語。

名前の小辞典

　王室の記録によれば、ミドルネームの最も多かった王女は、ジョージ5世（George V）の妻メアリー（Mary）でした。彼女のミドルネームは、ビクトリア（Victoria）・オーガスタ（Augusta）・ルイーザ（Louisa）・オルガ（Olga）・ポーリン（Pauline）・クローディア（Claudia）・アグネス（Agnes）というものでした。

　スカーレット・オハラ（Scarlett O'Hara）とは『風と共に去りぬ』（Gone with the Wind）の登場人物の元々の名ではありませんでした。作者のマーガレット・ミッチェル（Margaret Mitchell）は最初、この女性を「パンジー」（Pansy）と名づけましたが、編集者が違う名前を思いついたと提案し、「スカーレット・オハラ」が誕生しました。

　「ウェンディ」（Wendy）という名前は、J・M・バリー（J. M. Barrie）が『ピーターパン』（Peter pan）に登場するダーリン一家の長女につけた名前です。友人の子が、バリーを「フェンディ」とあだ名をつけて呼んでいたので、バリーは「ウェンディ」の名前を思いついたと言われています。

　アメリカには女性の名前に由来する州が二つあります。一つはメリーランド州で、イギリスのチャールズⅠ世の妃ヘンリエッタ・マリア（Henrietta Maria）の名を取っています。もう一つはバージニア州で、「バージン・クイーン（処女の女王）」（Virgin Queen）として知られたエリザベスⅠ世にちなんで名づけられました。

　世界で最も多い姓は、張（チャン）（Chang）で、1億4百万人以上がこの姓を持っています。

もう一つの意味を持つ女性の名前

　ここに挙げるのは、女性の名から生まれた、物や人の性質を表す言葉です。

バービー・ドール（BARBIE DOLL）　　　思慮のない男や女

「ジェーン・クロウ」（Jane Crow）とは、女性差別のことです。ここに挙げたようなスラングは、その「ジェーン・クロウ（女性差別）」の例です。

ベースボール・アニー（BASEBALL ANNIE）	若い女性の野球ファン
ビッグ・バーサ（BIG BERTHA）	大柄な女性
ブラック・マリア（BLACK MARIA）	霊柩車
ダム・ドラ（DUMB DORA）	無分別な女性
ナーバス・ネリー（NERVOUS NELLIE）	臆病な人
エセル（ETHEL）	臆病者、とくに慎重なボクサー
ジェーン・ドウ（JANE DOE）	平均的な女性
ケイティー・バー・ザ・ドアー（KATIE BAR THE DOOR）	やっかいなことが近づいている意味
リジー（LIZZIE）	ポンコツ車
サリー・アン（SALLY ANN）	救世軍
ゼルダ（ZELDA）	面白くない女性

名前の持つ意味

　女性のファースト・ネームは、デイジー（Daisy ヒナギク）のような花の名前、ルビー（Ruby）のような宝石の名前、エプリル（April「4月」）のような月の名前、チェルシー（Chelsea）のような場所の名前かもしれません。もし自分の名前の持つ意味がよく分からなければ、ここでその意味を見つけられるでしょう。

Alice (Alicia, Alisa, Allison)	アリス（アリシア、アリサ、アリスン）気高い王女
Alma　アルマ	協力的な
Amanda (Aimee, Amy)	アマンダ（エイミー）愛らしい
Amelia　アメリア	勤勉な
Ann (Anita, Hannah, Nancy)	アン（アニタ、ハンナ、ナンシー）優雅な
Barbara　バーバラ	異国的な
Brenda　ブレンダ	ぎらぎら輝く剣
Caroline (Carla, Carrie)	キャロライン（カーラ、キャリー）気高い、力強い
Catherine (Katy, Trina)	キャサリン（ケイティ、トゥリナ）純粋な

Christine (Crystal, Tina)	クリスティーン（クリスタル、ティーナ）	公正なクリスチャン
Colleen	コリーン	ひとりの乙女
Cynthia	シンシア	月の女神
Darlene (Daryl)	ダーレン（ダリル）	親愛なるあなた
Deborah	デボラ	みつばち、勤勉な
Diana (Dinah)	ダイアナ（ダイナ）	月の女神
Donna	ドナ	貴婦人
Elizabeth (Bess, Elisa, Liza)	エリザベス（ベス、エリーザ、リザ）	神に捧げた
Emma	エマ	治療する人
Eva (Eve, Evelyn)	エバ（イーブ、エブリン）	生命
Faye (Faith)	フェイ（フェイス）	忠実な
Frances (Chica, Francesca)	フランシス（チーカ、フランチェスカ）	自由な
Genevieve	ジェナビーブ	白い波
Gina	ジーナ	銀色の
Gwendolyn	グエンダリン	新月の人
Helen (Eileen, Elaine, Eleanor)	ヘレン（アイリーン、エレイン、エリナー）	光
Hilary	ヒラリー	快活な
Irene (Renata, Renee)	アイリーン（レナータ、レニー）	平和
Jane (Jeanne, Joan)	ジェーン（ジーン、ジョウン）	神の貴重な賜り物
Jessica	ジェシカ	神の恩恵
Judith	ジュディス	賛美された、賞賛に値する
Julia (Jill, Juliet)	ジュリア（ジル、ジュリエット）	若々しい、ソフトな髪をした
Kathleen	キャスリーン	美しい瞳
Laura	ローラ	月桂樹
Linda	リンダ	美しい
Louise (Eloise, Lois)	ルイーズ（エラウィーズ、ロウイズ）	戦いの英雄
Lucille (Lucia Lucy)	リュシール（ルーシア、ルーシー）	光、夜明け
Margaret (Gretchen, Marjorie)	マーガレット（グレッチン、マージ	

	ョリー）	真珠
Mary (Marilynn, Molly)	メアリー（マリリン、モーリー）	苦い涙
Meghan	メイガン	強い
Michelle	ミシェル	信心深い
Naomi	ネイアミ	楽しい、心地よい
Paula (Pauline)	ポーラ（ポーリン）	小さい
Phoebe	フィービ	輝かしい
Rachel (Raquel)	レイチェル（ラッケル）	無邪気な
Ramona (Mona)	ラモウナ（モナ）	守護神
Roberta (Bobbie, Robin)	ロバータ（ロビー、ロビン）	明晰な、有名な
Ruth	ルース	美しき友
Sara (Sadie, Sally)	サラ（サディー、サリィ）	王女
Sophia (Fifi, Sonya)	ソフィア（フィーフィー、ソーンヤー） 賢明な	
Stephanie	ステファニー	花冠か王冠をかぶって
Susan	スーザン	ユリ
Teresa (Tracey, Tess)	テレサ（トレイシー、テス）	収穫者
Valerie	バラリー	勇壮な、強い
Vivian	ビビアン	活発な
Yolanda	ヨーランダ	謙虚な、恥ずかしがりやの
Yvette (Yvonne)	イーベット（イボン）	射手
Zelda	ゼルダ	不屈の英雄
Zora	ゾラ	夜明け

歌の中の女性名

多くの歌が女性について書かれ、また、そのタイトルに女性名を含んでいます。歌の中の女性名に注目しましょう。

名前	歌の題名
ADALAIDE　アダレイド	"Adelaide's Lament"
ALICE　アリス	"Alice's Restaurant" "(In My Sweet Little) Alice Blue Gown"
ALLISON　アリスン	"Allison"

AMY	エイミイ	"Once In Love with Amy"
ANNABEL	アナベル	"Annabel Lee"
ANNABELLE	アナベル	"Annabelle"
ANGELINA	アンジリーナ	"Angelina"
ANGIE	アンジイ	"Angie Baby"
		"Angie"
ANNIE	アニイ	"Annie Get Your Gun"
		"Annie Laurie"
		"Annie's Song"
APRIL	エイプリル	"April Played the Fiddle"
BARBARA ANN	バーバラ・アン	"Barbara Ann"
BEATRICE	ビアトリス	"Beatrice Fairfax, Tell Me What to Do"
BERTHA	バーサ	"Bertha"
BETTE	ベット	"Bette Davis Eyes"
BETTY LOU	ベティ・ルー	"Betty Lou's Got a New Pair of Shoes"
		"Betty Lou is Coming Out"
BILLIE	ビリイ	"Billie Jean"
BONNIE	ボニイ	"My Bonnie Lies over the Ocean"
BRANDY	ブランディ	"Brandy"
BRIANNA	ブライアンナ	"Brianna"
CANDY	キャンディ	"Candy"
CAROLINE	キャロライン	"Sweet Caroline"
CATHY	キャシイ	"Cathy's Clown"
CECILIA	シシリア	"Cecilia"
CINDY	シンディ	"Cindy"
CLAIRE	クレア	"Planet Claire"
CLEMENTINE	クレメンタイン	"Clementine"
CORRINE	コリン	"Corrine, Corrine"
DAISY	デイジイ	"Daisy Bell"
DELILAH	ディライア	"Deliah"
DINA	ダイナ	"Dina"
DINAH	ダイナ	"Dinah"
DOLORES	ダロウリス	"Dolores"

名前について

DOMINIQUE	ドミニク	"Dominique, Dominique"
EILEEN	アイリーン	"Eileen"
ELEANOR	エリナー	"Eleanor Rigby"
ELVIRA	エルビラ	"Elvira"
FRANKIE	フランキー	"Frankie and Johnny"
GERTIE	ガーティ	"Gertie from Bizerte"
GIGI	ジーシィ	"Gigi"
GLORIA	グロリア	"Gloria"
HANNAH	ハンナ	"Miss Hannah"
HARRIET	ハリエット	"Harriet"
IDA	アイダ	"Ida, Sweet as Apple Cider"
INEZ	イーネズ	"Mama Inez"
IRENE	アイアリーン	"Goodnight Irene"
IRMA	イルマ	"Irma La Douce"
IVY	アイビー	"Ivy"
JACKIE	ジャッキー	"(I Want to Be) Jackie Onassis"
JEANIE	ジーニー	"Jeanie with Light Brown Hair"
JESSIE	ジェシィ	"Jessie's Girl"
JOANNA	ジョアンナ	"Joanna"
JUANITA	ジュアニータ	"Juanita"
JUDY	ジュディ	"Judy in Disguise"
KATE	ケイト	"I Wish I Could Shimmy Like My Sister Kate"
KATHLEEN	キャスリーン	" I'll Take You Home Again, Kathleen"
KATY	ケイティ	"K-K-K-Katy"
LAURA	ローラ	"Laura"
LISA	リーザ	"Mona Lisa"
LILY	リィリィ	"Hi Lily, Hi Lo"
LIZA	ライザ	"Li'l Liza Jane"
LOUISE	ルイーズ	"Louise"
LUCILLE	リューシール	"Lucille"
LUCY	ルーシィ	"Lucy in the Sky with Diamonds"
LULU	ルーラ	"Don't Bring Lulu"
MAGGIE	マギー	"Maggie May"

MANDY	マンディ	"Mandy"
MARGIE	マージィ	"Margie"
MARIA	マライア	"Maria"
MARY	メアリィ	"Mary's a Grand Old Name"
MARRIANE	マリアンヌ	"Marianne"
MARY LOU	メアリィ・ロウ	"Mary Lou"
MATILDA	マティルダ	"Matilda" "Waltzing Matilda"
MAYBELLENE	メイベレン	"Maybellene"
MELISSA	ミリサ	"Melissa"
MELODY	メロディ	"Melody"
MICHELLE	ミシェル	"Michelle"
MIMI	ミーミー	"Mimi"
NANCY	ナンシー	"Nancy (with the Laughing Face)"
NELLIE	ネリー	"Wait till the Sun Shine, Nellie"
NOLA	ノウラ	"Nola"
NORMA	ノーマ	"Norma Jean"
PAULA	ポーラ	"Hey, Paula"
PATRICIA	パトリシィア	"Patricia"
PEG	ペグ	"Peg O' My Heart"
PEGGY SUE	ペギー・スー	"Peggy Sue"
RHONDA	ロンダ	"Help Me, Rhonda"
ROSALIE	ロザリィ	"Rosalie"
ROSANNA	ロザンナ	"Rosanna"
ROSE	ローズ	"Ramblin' Rose" "Rose of Washington Square" "Second Hand Rose"
ROSIE	ロージィ	"Sweet Rosie O'Grady"
ROXANNE	ロクサンナ	"Roxanne"
RUBY	ルービィ	"Ruby Tuesday"
SALLY	サリィ	"Long Tall Sally"
SHARONA	シェアロンナ	"My Sharona"
SHIRALEE	シラリー	"Shiralee"
STEPHANIE	ステファニー	"Stephanie"
SUE	スー	"Runaround Sue"

SUSANNA	スザンナ	"Oh Susanna"
SUSIE	スージィー	"Wake Up, Little Susie" "If You Knew Susie Like I Know Susie"
SYLVIA	シルビア	"Sylvia Speaks"
TESSIE	テシー	"Tessie, You Are the Only, Only, Only"
VALLERI	バレリー	"Valleri"
VANESSA	バネッサ	"Vanessa"
YVETTE	バイエット	"Dear Yvette"

本名をおしえて！

有名女性の本名を紹介しましょう。

ジュリー・アンドリュース	JULIE ANDREWS
ジュリア・ウェルズ	Julia Wells
ローレン・バーコール	LAUREN BACALL
ベティ・パースク	Betty Perske
アン・バンクロフト	ANNE BANCROFT
アーナマーリー・イタリアーノ	Annemarie Italiano
シェール	CHER
シェリリン・ラピエール	Cherilyn La Piere
ジョーン・クロフォード	JOAN CRAWFORD
リューシール・レシュアール	Lucille Le Sueur
アンジー・ディキンスン	ANGIE DICKINSON
アンジリーン・ブラウン	Angeline Brown
クリスタル・ゲイル	CRYSTAL GAYLE
ブレンダ・ゲイル・ウェブ	Brenda Gayle Webb
ルース・ゴードン	RUTH GORDON
ルース・ジョーンズ	Ruth Jones
ジーン・ハーロウ	JEAN HARLOW
ハーリーン・カーペンター	Harlean Carpenter
スーザン・ヘイウォド	SUSAN HAYWARD
エディス・マリナー	Edythe Marriner
ジュディ・ホリデイ	JUDY HOLLIDAY
ジュディス・テュービム	Judith Tuvim
ジェニファー・ジョーンズ	JENNIFER JONES
フィリス・イースリィ	Phillis Isley
ソフィア・ローレン	SOPHIA LOREN

ソフィア・シコローニィ	Sofia Scicoloni
マドンナ	MADONNA
マドンナ・ルイーズ・チコーネ	Madonna Louise Ciccone
ジョニ・ミッチェル	JONI MITCHELL
ロバータ・ジョーン・ミッチェル	Roberta Joan Mitchell
マリリン・モンロー	MARILYN MONROE
ノーマ・ジーン・ベーカー	Norma Jean Baker
ニーナ・シーモーン	NINA SIMONE
ユーニス・キャスリーン・ウェイマン	Eunice Kathleen Waymon
メリル・ストリープ	MERYL STREEP
メアリイ・ルイーズ・ストリープ	Mary Louise Streep
ティナ・ターナー	TINA TURNER
アニー・メイ・ブラク	Annie May Bullock
トウィギー	TWIGGY
レスリー・ホーンビィ	Lesley Hornby
タミイ・ウィネット	TAMMY WYNETTE
ウィネット・ピュー	Wynette Pugh

　次の女性たちは、女性であることを隠すために仮名かペンネームを用いました。彼女らは、女性であるがゆえに作品を出版してもらえないと信じていました。もしかして、あなたはその偽名を知っているかもしれませんね。

- ジョージ・エリオット（George Eliot）の本名はメアリイ・アン・エバンス
- カラー・ベル（Currer Bell）の本名はシャーロット・ブロンティ
- アクトン・ベル（Acton Bell）の本名はアン・ブロンティ
- エリス・ベル（Ellis Bell）の本名はエミリイ・ブロンティ
- ジョルジュ・サンド（George Sand）の本名はアマーンディーン・テューパン
- マイケル・ジョーゼフ（Michael Joseph）の本名はドリス・レシング

名前について　197

あの有名人の子供の名前は？

有名俳優、歌手の娘の名前をいくつか紹介しましょう。

ビル・コスビイ　Bill Cosby	エビン　Evin
シェール　Cher	チャスティティ　Chastity
ポール・マッカートニー　Paul McCartney	メアリィ、ステラ　Mary, Stella
メル・ギブスン　Mel Gibson	ハナー　Hannah
テッド・ダンスン　Ted Danson	アレクシス　Alexis
ジョーン・ランデン　Joan Lunden	ジャミー　Jamie
ミック・ジャガー　Mick Jagger	ジェイド　Jade
ジャック・ニコルソン　Jack Nicholson	ロレイン　Lorraine
ミア・ファロー　Mia Farrow	デイジィ、エリザ、ジージー、スーン・イー　Daisy, Eliza, Gigi, Soon Yi

時の娘たち

もし女性の名がチューズデイなら、たぶんその女性は火曜日に生まれたのでしょう。アフリカ、日本、その他、世界各地で女性につけられている生年月日を示す名前をいくつか紹介しましょう。

占星術の名前

イシュトレイラ（**Estrella**）は「星の子」を意味し、星座、12宮の星をさす名前です。多くの文化圏には、自分が生まれた星座の星をほのめかす女性の名前があります。さまざまな文化圏での星座を示す名を紹介しましょう。

Aries　牡羊座	Alala, Mesha	アララ、ミーシャ
Taurus　牡牛座	Taura	トーラ
Gemini　双子座	Dua	ドゥーア
Cancer　かに座	Amaris　アマリス、Candra　キャンドラ	
Leo　獅子座	Ahira　アヒーラ、Alzubra　アルジュブラ、Surya　スーリア	

Virgo	乙女座	Aludra アルードラ　Spica スパイカ	
Libra	天秤座	Asvina アスビナ	
Scorpio	さそり座	Belloma ベローマ、Alima アーリーマ	
Segittarius	射手座	Arcite アーサイト	
Capricorn	やぎ座	Capri カプリ	
Aquarius	水瓶座	Aria エアリア、Yolanda ヨーランダ、Urania ユアレイニィア	
Pisces	魚座	Mina マイナ	

日本人の女性名

あき	Aki	秋生まれ
はる	Haru	春生まれ
なつ	Natsu	夏生まれ
ふゆ	Fuyu	冬生まれ
あさ	Asa	朝生まれ
ちょ	Cho	夜明け生まれ
さよ	Sayo	夜生まれ

アメリカ原住民の女性名

ムナ	Muna	ホピ族の、小川の水かさが増す時期に生まれた娘の名。
ミギナ	Migina	「月の戻り」を意味するオマハ族の女性名。
ミフカ	Mihuca	「さわがしい声の月」を意味するオマハ族の女性名。
ミテクシ	Mitexi	「神聖な月」を意味するオマハ族の女性名。
ミテナ	Mitena	「新月」を意味するオマハ族の女性名。

アフリカの女性名

アビムボラ	Abimbola	金持ちに生まれつく
アイシャ	Aisha	生命
バハティ	Bahatti	幸運
フェミ	Femi	私を愛して
ハシナ	Hasina	立派な

ムテテリ	Muteteli	きゃしゃな
ヌゴジ	Ngozi	天の恵み
ノムベコ	Nombeko	尊敬
オモロセ	Omorose	わがうるわしの子
タリバ	Talibah	知識を探求せよ
タラナ	Tarana	ハウサ族の日中生まれた女の子の名前
ティサ	Tisa	「9番目生まれ」という意味のスワヒリ語

スポーツページ

第一回のオリンピックが古代ギリシアで開かれたとき、女性は見物することさえ許されませんでした。今日、女性は、オリンピック記録を作り、破っています。競技に参加することを許されなかったとき、女性は登山や探検に挑んでいました。4,000年かかって、女性はスポーツにおける数々の障壁を打ち破ってきました。

卓越した女性選手が活躍した多くのスポーツのうちのいくつかを取り上げてみましょう。

冒険

● ガートルード・ベル（Gertrude Bell）は1868年、イギリスに生まれました。彼女は中東のあまり人の訪れない地域を旅行した最初の女性です。たびたび一人で旅行し、旅の様子や、目撃した遺跡について記録しました。彼女は中東についての見識の豊かさから、1915年、イギリス政府によりバグダットの外交官に任命されました。

● ナイアガラの滝の上を綱渡りで横断した最初の女性は、マリア・スペルターニア（Maria Spelternia）で、1876年のことでした。

● 1924年、チベットの禁制の都市に入った最初のヨーロッパの女性は、アレクサンドラ・デビッドニール（Alexandra David-Neel）です。

● ポーランドのクリスティーナ・チョイノスキー＝リスキーウィック（Krystyna Choynowski-Liskiewicz）は、帆船で単独世界一周の航海を成し遂げた最初の女性です。彼女がこの偉業を達成したのは、1976年の3月28日でした。

● 1979年にシルビア・アール（Sylvia Earle）は、水深1,250フィート（約375m）まで潜った最初の女性となりました。彼女は、海中での生活について実験するための女性だけの科学者チームを率いて、カリブ海に沈められたカプセルの中に2週間滞在しました。

● 1984年、（当時の）ソ連の宇宙飛行士スベトラナ・サビツカヤ（Svetlana Savitskaya）は、女性で初めて宇宙遊泳を行いました。

● タニア・イービー（Tania Aebi）は、帆船で世界一周の単独航海をした最初のアメリカ女性であり、また世界最年少の記録を残しました。1985年、19歳のときにバルナ号という26フィート（約7.8m）の帆船で27,000マイル

（約43,400km）の航海に乗り出し、ニューヨークに戻ってきたのは1987年でした。
- アイリーン・コリンズ（Eileen Collins）は、1995年2月に女性としてスペースシャトルの最初の乗組員となりました。

フィッシング
- 最初に著名になったスポーツフィッシングの本は、1406年にイギリスのジュリアナ・バーナーズ夫人（Dame Juliana Berners）が書いています。その著作の『釣りについての考察』の中で、彼女は釣竿や毛ばりの作り方や、釣りの時期について書いています。
- オーストラリア、ケープ・モートンのB・バイヤー（B. Byer）は、1,052ポンド（478キログラム）の白ザメを釣り上げています。これは、今まで女性が釣った最大の魚です。
- 1955年、フロリダ州のパームビーチに、国際女性フィッシング協会が、女性のためのフィッシングの競技を普及させるために設立されました。

アーチェリー
- 最初の女性のアーチェリーの国際大会は1931年に開かれました。ポーランドのジャニーナ・スピカジョア・カール-コウスカ（Janina Spychajowa-Kurkowska）が女子シングルスで優勝しました。彼女は男女を通じて世界最高の7回も優勝しています。
- アメリカのリダ・ハウエル（Lida Howell）は、最も多くのタイトルを持っています。1883年から1907年の間に、彼女はアメリカの女子アーチェリー選手権で17回優勝しています。

自動車レース
- 女性だけの大会が初めて行われたのは1909年でした。そ

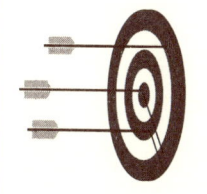

のレースは、ニューヨーク市とフィラデルフィアを往復するもので、参加者は12名でした。女性自動車クラブ杯を獲得したのは、ニュージャージー州のアリス・ディヘイズ（Alice DiHeyes）で、4人の女性の乗ったキャデラックを運転しました。
- 全米ソープボックス競技大会で優勝した最初の女性は、カレン・ステッド（Karen Stead）で、1975年、彼女が11歳のときでした。

（注）Soap Boxは子供の手製のレーシングカー。
- シャーリー・"チャチャ"マルドーニー（Shirley "Cha-Cha" Muldowney）は1975年、アメリカで最初の女性ドラッグ・カーレーサーの免許を得ました。彼女はまた、女性として初めて、4分の1マイル（約400m）を6秒以内で走っています。

（注）drag car raceは短い直線コース（drag strip）で停止状態からスタートして最も速く加速した者が勝ちとなるカーレース。
- 女性で初めてインディアナポリスの500マイルレース（インディ500）に出場したのは、ジャネット・ガスリー（Janet Guthrie）で、1977年のことでした。
- ヨーロッパ・グランプリレースに女性で初挑戦したのは、イタリアのマリア・テレサ・ド・フィリップス（Maria-Teresa de Filippis）で、1958年のことでした。

飛行機
- 1953年、ジャクリーン・コックラン（Jacqueline Cochran）は、音速を超えて飛行した最初の女性となりました。彼女は、第2次世界大戦中に設立された軍の女性組織のWASPs（空軍女性飛行士隊）の設立者でした。男女を通じ、誰よりも多くの飛行世界記録を持っています。
- ベッシー・コールマン（Bessie Coleman）は、アフリカ系アメリカ人として最初のパイロットになりました。1922

年にパイロットの国際免許を取得し、「勇敢なベッシー」とあだ名されました。彼女が33歳で事故で亡くなったとき、彼女を記念して若い黒人のための飛行学校が設立されました。

● ベリル・マーカム（Beryl Markham）は、1902年イギリスに生まれ、1904年にケニアに移りました。1936年、辺境パイロットとしての仕事の経験を積んだ後、一生の夢を実現させました。史上初の単独大西洋横断飛行を行ったのです。彼女はイギリスからカナダのノバスコシアまで、21時間25分で飛行しました。

● アン・モロー・リンドバーグ（Anne Morrow Lindbergh）は、夫のチャールズ・リンドバーグ（Charles Lindbergh）の副操縦士で、また無線も担当していました。1930年、彼らは五大陸にまたがる40,000マイル（64,360キロメートル）の、有名で驚くべき旅をしています。

● ハリエット・クインビー（Harriet Quimby, 1884-1912）は、アメリカで最初にパイロットの免許を取得した女性であり、また、イギリス海峡を横断飛行した最初の女性でもあります。彼女は有名なショー・パイロットとなり、また「エアライン」という語を生み出した人でもあります。

● 1910年、アメリカのブランチ・スチュアート・スコット（Blanche Stuart Scott）は、単独飛行をした最初の女性となりました。27歳になるまでにスタントパイロットとテストパイロットとなりました。27歳のときに引退し、ニュースのコメンテーターになりました。

● 1891年にアメリカで生まれたキャサリン・スティンソン（Katherine Stinson）は、スタントパイロットとして女性で初めて宙返り飛行をやってのけました。また彼女はアメリカの航空郵便初の女性パイロットとなりました。

スポーツページ

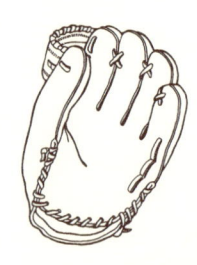

野球

- 1866年以来、女性も野球に取り組んできました。最初の女性チームを作ったのはバッサー大学でした。
- 男子のプロチームを初めて監督した女性は、ラニー・モス（Lanny Moss）でした。1974年に彼女はマイナーリーグのポートランド・マーベリックスに雇われたのでした。
- 女子がリトルリーグへの参加を公式に認められたのは、1974年6月12日でした。
- 最初にプロ契約をした女子選手はジャッキー・ミッチェル（Jackie Mitchell）で、このときチャタヌーガ・ルックアウツはマイナーリーグのチームでした。彼女はピッチャーであり、最も人々の心に残っているのは、1931年のオープン戦でベーブ・ルースとルー・ゲーリックの二人から三振を奪ったからです。
- アマンダ・クレメント（Amanda Clement）は、男子野球での女性初の公式審判員となりました。彼女は1905年から11年まで、中西部のセミプロの試合の審判を務めました。彼女は独自のユニフォームをデザインしました。それは足首までの長さのスカート、白いシャツに黒のネクタイ、そして野球帽というものでした。後にはネクタイをやめ、"UMPS"の文字を胸にプリントしました。
- メジャーリーグのチームのオーナーとなった最初の女性はヘレン・ブリトン（Helene Britton）で、1911年から1917年の間、セントルイス・カージナルスのオーナーを務めました。
- 男性のチームで女性初の投手となったのは、イラ・ボーダース（Illa Borders）です。彼女は1994年、カリフォルニア州コスタ・メサの南カリフォルニア大学で野球を始めました。

バスケットボール

- 女子で最初の大学対抗戦は、1896年4月4日、スタンフ

ォード大学とカリフォルニア大学との間で行われ、スタンフォード大学が勝利を収めました。
- ハーレム・グローブトロッターズは、唯一の男女混成チームです。1985年、チームはオリンピック選手のリネット・ウッドワード（Lynette Woodward）を最初の女子選手として迎えたのでした。
- マサチューセッツ州スプリングフィールドにあるアメリカのバスケットボール殿堂は、1959年に殿堂入りする選手の人選を始めました。そして1992年になって初めて、次の女性たちが選ばれました。ネラ・ホワイト（Nera White）は、1950年代から60年代のアマチュア競技連盟大会で10回のMVPに輝いています。ルシア・ハリス＝スチュワート（Lusia Harris-Stewart）は、1976年の最初の女子バスケットボール・オリンピックチームのメンバーの一人でした。
- プロの女子バスケットボールリーグ（WBA）が1977年に設立され、8つのチームで始まりました。そのチームはデイトン、ニュージャージー、ニューヨーク、ヒューストン、ミルウォーキー、シカゴ、アイオワ、そしてミネソタでした。このチームで3シーズン試合が行われました。
- ナンシー・リーバーマン（Nancy Lieberman）は、バージニア州のオールド・ドミントン大学出身で注目を集めた女子選手です。彼女は、大手スポーツ用品会社（スポルディング社）から、サイン入りのバスケットボールが売り出された最初の女性です。

ビリヤード
- ニューヨーク州ブルックリンのジーン・バルカス（Jean Balukas）は、4歳のときからビリヤードを始め、1959年、14歳のときに最初の女子世界選手権を制しています。

ボウリング
- ボウリングは、今日のアメリカでは、女性にとって最もポ

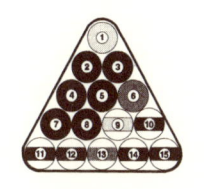

ピュラーなスポーツです。女性が最初にボウリングをしたのは1880年代のことでしが、そのときはまだ社会的に認知されていませんでした。
- 最初の女子選手権は、1917年にミズーリ州セントルイスで行われました。このとき100名の選手が参加しています。
- ウィスコンシン州のジェニー・ケラー（Jennie Kelleher）は、1930年に女性で初めてパーフェクトを達成しました。
- 最も多くの女子選手が集った大会は、1988年にネバダ州レノで行われた国際女子ボウリング会議選手権大会でした。このとき集った選手は77,735人でした。

ボクシング
- 1876年、初めてのアメリカでの女子ボクシングの試合が行われ、ネル・サンダーズ（Nell Saunders）はローズ・ハーランド（Rose Harland）を破りました。サンダーズ選手は賞として銀の食器を受け取りました。
- 1940年、カリフォルニア州バンヌイズのベル・マーテル（Belle Martel）は、最初の女性レフェリーとなって、カリフォルニア州サンバーナーディノで8試合のレフェリーを務めました。
- ゴールデン・グラブ選手権に参加した最初の女性はマリオン・ベルミュデス（Marion Bermudez）です。彼女は1975年にメキシコシティーで試合をしています。
- アメリカで最初の女性審判員となったのはキャロル・ポリス（Carol Polis）です。彼女は1974年に免許を得ています。

闘牛
- 1922年、チリに生まれたコンチータ・シントロン（Conchita Cintron）は、15歳のときメキシコで闘牛を始めました。そして13年間に800頭の牛を倒しています。彼女はポルトガルに移住するために1951年に引退しました。
- アメリカ出身の最初のプロの女性闘牛士はパトリシア・マ

1968年、エンリケッタ・バジリオ（Enriqueta Basilio）は、メキシコの競技場でオリンピックの聖火台に点火した最初の女性となった。また、ジャニス・リー・ヨーク・ロマリー（Janice Lee York Romary）は、1968年のオリンピックにフェンシングの選手として出場し、開会式ではアメリカで最初の女性旗手を務めた。

コーミック（Patricia McCormick）です。彼女は1952年、メキシコのジャレスにある闘牛場でデビューしています。

クロケット
- クロケットは女性が参加した最初の野外競技であり、また、対等なルールのもとで、男女一緒に競技をした最初のものと考えられています。このスポーツは、アメリカには南北戦争時にイギリスから入ってきました。そして、たちまちとてもポピュラーなスポーツになりました。
- 第一回の女子選手権大会は1869年にイギリスで開かれ、ジョウド選手（Ms. Joad）が優勝しています。

自転車
- 自転車競技は第一回の近代オリンピックの種目になりましたが、1984年に初めて女子の参加が認められました。
- 1984年のロサンゼルス五輪の自転車競技において、ウィスコンシン州マディソンのコニー・カーペンター・フィニー（Connie Carpenter Finney）は、アメリカ女子初のメダルを獲得しました。アメリカの女性が自転車競技でメダルを獲得したのは、1912年以来のことでした。
- 冬期五輪のスピードスケートで3つのメダルを勝ち取ったミシガン州出身のシーラ・ヤング（Sheila Young）は、自転車スプリント競技においてアメリカと世界選手権の二つのタイトルを獲得しました。

犬ぞりレース
- リビー・リドルズ（Libby Riddles）は、1,135マイル（約1,816キロメートル）を走る犬ぞりレース、"イディタロド"で1985年に優勝しています。彼女は13頭の犬を操り、アラスカの氷原や雪山を横断しました。前が見えないほどの風雪の中の過酷なレースは、ゴールまで3週間かかりました。

- スーザン・ブッチャー（Susan Butcher）は、世界で最も有名な女子犬ぞりレーサーで、"イディタロッド"で1986年、1987年、1988年、そして1990年に優勝しています。彼女は1989年、世界で最も活躍した女子スポーツ選手に指名されました。

フェンシング
- アメリカでの最初の女子選手権は1912年に行われました。このときはアドリン・ベイリス（Adeline Baylis）が優勝しています。
- オーストリアのエレン・ミューラー＝プライス（Ellen Muller-Preiss）は、1932年から1956年の全てのオリンピックのフェンシング競技に参加しました。そして1932年に金メダル、また、1936年から1948年までは銅メダルを獲得しています。

ホッケー
- コンスタンス・M・K・アップルビー（Constance M. K. Applebee）が、1901年アメリカにホッケーを紹介したとされています。彼女は、ハーバード大学で体育学を履修するためにイギリスからアメリカにやってきたのでした。彼女の行った最初の試合は、ハーバード大学の中庭のコンクリートの上で、アイスホッケーのスティックを使うものでした。
- 1922年、女性たちはアメリカ・ホッケー協会を設立しました。
- 1980年、ホッケーがオリンピックの種目に加えられました。ジンバブエのチームは無敗のまま、オリンピックの金メダルを勝ち取りました。

アメリカンフットボール
- パット・パリンカス（Pat Palinkas）は、プロの試合でプレーした最初の女性です。1970年オーランドパンサー

ズで、プレースキッカーとしてボールをセットしたのです。
- 1987年12月27日、ゲイル・シーランズ（Gayle Sierens）は、全米プロフットボール連盟のカンザスシティー対シアトルの試合で、最初の女子の出場選手となりました。

ゴルフ

- スコットランドのメアリー（Mary）女王は、初めてゴルフをした女性です。彼女の統治期間に有名なセントアンドリュース・ゴルフコースが造られました。1552年のことです。また、彼女が付き添いの人を「キャディ」と呼んだのが、「キャディ」という語の始まりです。
- 1946年の第1回女子オープンを制したのは、パティ・バーグ（Patti Berg）です。
- LPGA（女子プロゴルフ協会）が選出する年度最優秀選手で、1970年を除き、1966年から1973年まで連続して選ばれたのが、テキサス州出身のキャシー・ホイットワース（Kathy Whitworth）です。現役時代の1962年から1985年に、女子最高の88勝を挙げています。1975年、彼女は女子プロゴルフの殿堂入りをしています。
- ナンシー・ロペス（Nancy Lopez）は、新人王と最優秀選手のタイトルを同時に獲得した最初の女子選手です。彼女はこの二つの賞を1978年に受けています。
- 1990年、カリフォルニア州ロス・アルトス出身のジュリー・インクスター（Juli Inkster）は、世界唯一の男女混合のプロの試合で、女子として初めて優勝しました。ペブルビーチ・ゴルフコースで行われたプロ・アマ招待試合で、一打差で勝ちを収めたのです。

体操

- アメリカにおいて、最初に女子の体操を教え始めたのは、1862年、マウント・ホルヨーク大学でした。
- 女子の体操がオリンピック種目となったのは、1928年の大会のときです。

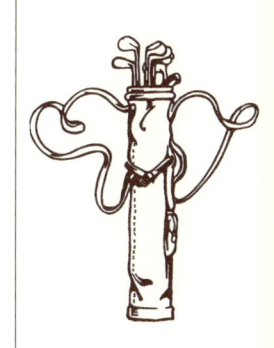

- ロシアのラリッサ・ラティニア（Larissa Latynina）は、オリンピックで18のメダルを獲得しました。1956年から1964年の間に9個の金メダル、5個の銀メダル、そして4個の銅メダルを得ていますが、これは女子のオリンピック記録です。
- マルシア・フレデリック（Marcia Frederick）は、オリンピックで金メダルを取り、体操のチャンピオンになった最初のアメリカ女性です。1973年に段違い平行棒で優勝したのでした。
- 旧ソ連のオルガ・コルブト（Olga Korbut）が、1972年のオリンピックで2つの金メダルと1つの銀メダルを獲得したとき、彼女に憧れて数千人もの女の子が体操にチャレンジし始めました。彼女は後に、年間最優秀女子スポーツ選手に選ばれました。
- 1976年のオリンピックで、ルーマニアのナディア・コマネチ（Nadia Comaneci）は、オリンピック史上初の10点満点の演技をした選手となりました。彼女はこれを床運動で達成しています。

- 1984年、ウェスト・バージニア州出身の16歳、メアリー・ルー・レットン（Mary Lou Retton）は史上最年少の体操のメダリストとなりました。跳馬での完璧な演技が総合優勝につながりました。

アイスホッケー
- 1992年9月23日、マノン・ローム（Manon Rheaume）は、全米ホッケーリーグのオープン戦で、「タンパ・ベイ・ライトニング」のゴールキーパーとしてデビューしました。彼女は、北アメリカ4大プロスポーツリーグ（野球、フットボール、バスケットボール、アイスホッケー）の一つであるアイスホッケーの試合に出場した最初の女性ゴールキーパーとなりました。

競馬
- 史上初の女性騎手は、イギリスのアリシア・メイネル（Alicia Meynell）で、1804年にイギリスのヨーク州での4マイルレースに出場しました。
- 1935年、メアリー・ハーチ（Mary Hirch）は、女性として初めて調教師免許を取得しました。
- ジュリー・クローン（Julie Krone）は、三冠レースの一つである1991年のベルモントステークスに出場した最初の女性騎手です。彼女はこれまでに女子最高の勝利数を誇り、史上最も成功した騎手の一人とされています。

蹄鉄投げ
- 1920年、第1回の女子の蹄鉄投げの全米大会で優勝したのは、マージョリー・ブーヒーズ（Marjorie Voohies）でした。

登山
- 1906年、ファニー・バロック・ワークマン（Fanny Bullock Workman）は、47歳のときにカシミールのヌンクン山系のピナクル・ピークの頂上に立ち、標高22,815フ

ィート（約 6,845 メートル）という女子世界記録を作りました。

- アメリカで教師をしていたアニー・ペック（Annie Peck）は、1911 年、標高 21,834 フィート（約 6,550 メートル）のペルーのコロプナ山（アンプナ山）の北峰に登頂しました。このときはまだ、その高度は計測されていませんでした。このとき、彼女は 58 歳でした。
- 日本の田部井淳子は、世界の最高峰であるエベレストの登頂に成功した最初の女性です。1975 年 5 月 16 日、彼女は女性だけの登山隊を率いて、頂上にたどり着きました。それ以来、彼女は国連加盟 167 か国中 20 か国の最高峰に登頂しています。彼女は、残りの 147 か国の最高峰に登る計画を持っています。
- 1989 年、ワシントン州出身のステイシー・アリソン（Stacy Allison）とペギー・ルース（Peggy Luce）は、エベレスト登頂に成功した最初のアメリカ女性となりました。
- キティ・カルホーン・グリソム（Kitty Calhoun Grissom）は、現存の最も有名な登山家であり、氷や雪におおわれた山を専門にしています。彼女は、ヒマラヤ山脈の標高 26,795 フィート（約 8,039 メートル）のダウラギリ山に登頂した最初のアメリカ女性でもあります。

乗馬

- オリンピックの乗馬競技で、女性が男性とともに競技したのは 1952 年のことでした。ポリオ（小児麻痺）を克服して練習にはげんだリズ・ハーテル（Lis Hartel）が、このとき銀メダルを獲得したのです。

ランニング

（長距離）

- 1967 年、キャスリン・シュバイツァー（Kathrine

Switzer）は、有名なボストンマラソンで走った最初の女性となりました。男子のみの大会だったため、彼女はK・シュバイツァーの名で登録しました。そして審判員が彼女の背中からゼッケンを取り上げようとするのを振り切って完走したのでした。彼女の走りっぷりはAAV（アメリカ・アマチュア陸上競技連盟）の注目を得ることとなり、AAVがルール改正の議論を始めました。5年の戦いの後、1972年、彼女は公式に、ルールにのっとった形でボストンマラソンに参加した最初の女性となりました。

- ノルウェーのグレテ・ワイツ（Grete Waitz）は、ニューヨークシティ・マラソンで、最多の9回優勝しています。彼女は、1978年、79年、80年、82年、84年、85年、86年そして88年に優勝しています。

（短距離）
- オランダのファニー・ブランカーズ＝コーエン（Fanny Blankers-Koen）とオーストリアのベティ・カスバート（Betty Cuthbert）は、オリンピックで女子最多の4つの金メダルを獲得しています。ファニー・ブランカーズ＝コーエンは、1948年の大会で、100m、200m、80mハードル、そして400mリレーで優勝し、ベティ・カスバートは、1956年の大会で、100m、200m、400mリレーで優勝し、また1964年大会で400mで優勝しています。
- 台湾のチー・チェン（Chi Cheng）は、100ヤード（約91.4メートル）を10秒フラットで走り抜けた最初の女性です。彼女は1970年6月13日、オレゴン州ポートランドでこの記録を樹立しています。
- ウィルマ・ルドルフ（Wilma Rudolph）は、4歳のときに左足が働かなくなり、8歳まで補助用具を使い、それから11歳までは特殊な靴をはいていました。しかし5年後、1956年のオリンピックで、アメリカのリレーチームのメンバーとなり、銅メダルに輝きました。彼女は一回のオリ

ンピックで3つの競走種目を制した最初の女性となりました。1960年の大会で、100m、200m、400mに優勝しています。
- "フロー・ジョー"のニックネームを持つフローレンス・グリフィス・ジョイナー（Florence Griffith Joyner）は、1988年のオリンピックで、200mを21秒56のタイムで走り、世界一足の早い女性となりました。

ヨット

- ナオミ・ジェームス（Naomi James）は、女性で初めてヨットでの単独世界一周航海に成功しました。1977年から1978年にかけて、これを272日で達成、サー・フランシス・チチェスター（Sir Francis Chichester）の持っていた274日という記録を破り、世界一周ヨット航海の最短記録を打ち立てたのです。
- 1944年、23名の選ばれた女性だけのチームがアメリカズ・カップに出場しました。メンバーは次の通り。
Stephanie Armitage-Johnson, Amy Baltzell, Shelley Beattie, Courtenay Becker, Sarah Bergeron, Merritt Carey, Sarah Cavanagh, Elizabeth Charles, Leslie Egnot, Christie Evans, Jennifer Isler, Diana Klybert, Linda Lindquist, Stephanie Maxwell-Pierson, Susanne Leech Nairn, Annie Nelson, Jane Oetking, Merritt Palm, Katherine Pettibone, Marci Porter, Melissa Purdy, Hannah Swett, Joan Lee Touchette.

スケート

（フィギュアスケート）

- テレッサ・ウェルト・ブランチャード（Theresa Weld Blanchard）は、フィギュアスケート界で多くの「初めて」を成し遂げています。1914年、「初めて」の全米選手権チャンピオンとなり、1920年、アメリカ人として「初

めて」メダル（銅）を獲得しました。また、ナザニエル・ナイルズ（Nathaniel Niles）とのペアで、アメリカのペア選手権で9回優勝しています。

● テンリー・オルブライト（Tenley Albright）は、世界選手権とオリンピックの両方で金メダルに輝いた最初の女性です。1953年に世界選手権を制し、1956年のオリンピックで金メダルを獲得しました。

● 1964年、15歳のペギー・フレミング（Peggy Fleming）は、史上最年少で全米フィギュアスケート選手権に優勝しました。彼女は4年後のグルノーブル・オリンピックでアメリカの唯一の金メダルを獲得しました。

（ローラースケート）

● 1976年、ナタリー・ダン（Natalie Dunn）は、フィギュア・ローラースケートの世界タイトルを手にした最初のア

スポーツページ

メリカ女性となりました。

（スピードスケート）
- ボニー・ブレア（Bonnie Blair）は、1994年のノルウェーのリレハンメルオリンピックで2つの金メダルを獲得し、アメリカの女子スポーツ選手の中でも史上最高の金メダリストとなりました。彼女は生涯で5つの金メダルを手に入れています。

サッカー
- 1991年、ジョー・アン・フェアバンクス（Jo Ann Fairbanks）は、国際的なサッカーの試合で審判員を務めた最初の女性となりました。ハイチで行われた北および中央アメリカ、カリブ海地域の試合で予選の線審を務めたのです。
- 第一回の世界女子サッカー選手権は1991年に行われ、アメリカチームが優勝しています。

ソフトボール
- 最初のソフトボール世界大会は、1965年にオーストラリアのメルボルンで行われた女子のトーナメントでした。
- ジョアン・ジョイス（Joan Joyce）は、10代のころはコネチカット州ウォーターベリーで、バスケットボール、バレーボール、そしてソフトボールをしていました。しかし、ジョイスが有名になったのは、ソフトボールのピッチャーになってからです。20年の競技生活中（1955-1975）、彼女は509勝を挙げ、33敗しかしていません。
- 全米ファストピッチ協会という最初の女子ソフトボールのプロリーグが近頃結成され、1995年からゲームをスタートさせることになっています。

水泳
- 水泳は1908年にオリンピック種目となりましたが、女子の参加は1912年まで認められませんでした。オーストリアのファニー・デュラク（Fanny Durack）は、そのオリ

ンピックの100ヤード自由形で、女性初の金メダルを手に入れました。
- ガートルード・エダール（Gertrude Ederle）は、ドーバー海峡を泳いで横断した最初の女性です。1926年にフランスからイギリスへ向かい、14時間39分で泳いでいます。
- フローレンス・チャドウィック（Florence Chadwick）は、ドーバー海峡をイギリス側からもフランス側からも横断した最初の女性です。1950年にフランスからイギリスへ13時間20分で泳ぎ、1951年にはイギリスからフランスへ泳いでいます。
- カリフォルニア州出身のドナ・ド・バロナ（Donna de Varona）は、「水泳の女王」と呼ばれています。彼女は1960年代に37のタイトルと、オリンピックの金メダル二つを獲得しました。彼女は自由形、バタフライ、平泳ぎ、背泳ぎの4種目で卓越した泳ぎを見せました。
- フロリダ大学出身のトレーシー・コーキンス（Tracy Caulkins）は、1984年のオリンピックで3つの金メダルに輝きました。彼女は400m個人メドレー、200m個人メドレーをオリンピック記録で制し、また400mリレーの優勝メンバーでもありました。彼女は21歳で引退しています。

卓球
- ルース・ヒューズ・アーロンズ（Ruth Hughes Aarons）は、卓球の世界選手権シングルスで優勝した唯一のアメリカ女性です。彼女が優勝したのは1936年のことでした。

テニス
- メアリー・ユーイング・アウターブライド（Mary Ewing Outerbride）は、1874年にアメリカにローンテニスを紹介した人として知られています。
- 最初に全英選手権（ウィンブルドン）の女子シングルスのタイトルを獲得したアメリカ女性は、メイ・サットン・バ

ンディ（May Sutton Bundy）です。彼女は1904年と1907年に優勝しています。1930年、フォレスト・ヒルズで行われた全米選手権では、プレー中に骨折しましたが、松葉づえを使って最後まで試合をしました。

● ヘイゼル・ホッチキス・ライトマン（Hazel Hotchkiss Wrightman）は「テニス界の皇太后」と呼ばれています。これは彼女が、女子テニスに劇的な変化をもたらしたからです。1903年、カリフォルニア州サンフランシスコで、彼女はネット・アンド・ボレーのプレーを見せました。それ以前はどの試合もベースラインからの打ち合いだけだったのです。

● アルシア・ギブソン（Althea Gibson）は、テニス界の人種の壁を破った女性として有名です。彼女はフォレスト・ヒルズでの格式のある全米テニス協会（USTA）でプレーした最初の黒人女性となったのです。

- アメリカのモーリン・"リトル・モー"コナリー（Maureen "Little Mo" Connolly）は、4大大会を制し、グランドスラムを達成した最初の女性です。1953年に全英（ウィンブルドン）、全米、全仏、そして全豪の各選手権を制しました。この偉業を成しとげている女性は、史上、他に2人しかいません。1970年、オーストラリアのマーガレット・コート（Margaret Court）が、そして1988年にドイツのシュテフィ・グラフ（Steffi Graf）が達成しています。
- テニスプレーヤーでもあるビリー・ジーン・キング（Billie Jean King）は、最初の女子プロテニストーナメントのバージニアスリム・トーナメントを1970年に組織したメンバーの一人となりました。その翌年、彼女は、一年の獲得賞金が10万ドルを超えた最初の女子プロスポーツ選手となりました。
- マルティナ・ナブラチロワ（Martina Navratilova）は、年間シングルス勝利の最高記録を打ち立てました。1983年に16のタイトルを勝ち取ったのです。彼女は、1994年に引退しています。

アメリカのスポーツ選手のベイブ・ディドリクソン・ザハリアス（Babe Didrikson Zaharias）は、今世紀の男女を通じ、どんな選手よりも最も多くの種目に参加し、メダルを獲得し、記録を破ってきた。まず始めに、彼女は、アメリカでも1、2を争うバスケットボールチームのゴールデン・サイクロン・スクワッドでプレーした。1932年のオリンピックでは、やり投げ、80mハードル、そして走り高跳びで金メダルを勝ち取った。1940年代から50年代にかけては、ゴルフの大会のタイトルを総なめにした。1945年、AP通信社のスポーツ記者が選ぶ年間女子スポーツ選手賞に満場一致で選ばれた。1956年、初めて行われた女子プロゴルフの大会の初代チャンピオンになっている。

バレーボール
- 旧ソ連のイナ・ラスカル（Inna Ryskal）は、オリンピックのバレーボールで4つのメダルを手にした唯一の女子選手です。1964年に銀メダル、そして1968年、72年、76年に金メダルを獲得しています。

AP通信社年間女子スポーツ賞

年	選手名	競技
1931年	ヘレン・マディソン（Helene Madison）	水泳
1932年	ベイブ・ディドリクソン（Babe Didrikson）	陸上競技
1933年	ヘレン・ジェイコブズ（Helen Jacobs）	テニス
1934年	バージニア・バン・ウィー（Virginia Van Wie）	ゴルフ
1935年	ヘレン・ウィルズ・ムーディー（Helen Wills Moody）	テニス
1936年	ヘレン・ステファンズ（Helen Stephens）	陸上競技
1937年	キャサリン・ロールズ（Katherine Rawls）	水泳
1938年	パティ・バーグ（Patty Berg）	ゴルフ
1939年	アリス・マーブル（Alice Marble）	テニス
1940年	〃	〃
1941年	ベティ・ヒックス・ニューエル（Betty Hicks Newell）	ゴルフ
1942年	グロリア・カレン（Gloria Callen）	水泳
1943年	パティ・バーグ（Patty Berg）	ゴルフ
1944年	アン・カーティス（Ann Curtis）	水泳
1945年	ベイブ・ディドリクソン・ザハリス（Babe Didrikson Zaharias）	ゴルフ
1946年	〃	〃
1947年	〃	〃
1948年	ファニー・ブランカーズ＝コーエン（Fanny Blankers-Koen）	陸上競技
1949年	マーレン・バウアー（Marlene Bauer）	ゴルフ
1950年	ベイブ・ディドリクソン・ザハリス（Babe Didrikson Zaharias）	ゴルフ
1951年	モーリーン・コナリー（Maureen Connolly）	テニス
1952年	〃	〃
1953年	〃	〃
1954年	ベイブ・ディドリクソン・ザハリス（Babe Didrikson Zaharias）	ゴルフ
1955年	パティ・バーグ（Patty Berg）	ゴルフ

年	名前	競技
1956年	パトリシア・マコーミック（Patricia McCormick）	ダイビング
1957年	アリシア・ギブソン（Althea Gibson）	テニス
1958年	〃	〃
1959年	マリア・ブエノ（Maria Bueno）	テニス
1960年	ウィルマ・ルドルフ（Wilma Rudolph）	陸上競技
1961年	〃	〃
1962年	ドーン・フレイザー（Dawn Fraser）	水泳
1963年	ミッキー・ライト（Mickey Wright）	ゴルフ
1964年	〃	〃
1965年	キャシー・ホイットワース（Kathy Whitworth）	ゴルフ
1966年	〃	〃
1967年	ビリー・ジーン・キング（Billie Jean King）	テニス
1968年	ペギー・フレミング（Peggy Fleming）	スケート
1969年	デビー・メイヤー（Debbie Meyer）	水泳
1970年	チ・チェン（Chi Cheng）	陸上競技
1971年	イボンヌ・グーラゴング（Evone Goolagong）	テニス
1972年	オルガ・コルブト（Olga Korbut）	体操
1973年	ビリー・ジーン・キング（Billie Jean King）	テニス
1974年	クリス・エバート（Chris Evert）	テニス
1975年	〃	〃
1976年	ナディア・コマネチ（Nadia Comaneci）	体操
1977年	クリス・エバート（Chris Evert）	テニス
1978年	ナンシー・ロペス（Nancy Lopez）	ゴルフ
1979年	トレーシー・オースチン（Tracy Austin）	テニス
1980年	クリス・エバート・ロイド（Chris Evert Lloyd）	テニス
1981年	トレーシー・オースチン（Tracy Austin）	テニス
1982年	メアリー・デッカー・タブ（Mary Decker Tabb）	陸上競技
1983年	マルチナ・ナブラチロワ（Martina Navratilova）	テニス
1984年	メアリー・ルー・レットン（Mary Lou Retton）	体操
1985年	ナンシー・ロペス（Nancy Lopez）	ゴルフ
1986年	マルチナ・ナブラチロワ（Martina Navratilova）	テニス
1987年	ジャッキー・ジョイナー・カーシー（Jackie Joyner-Kersee）	陸上競技

1988年	フローレンス・グリフィス・ジョイナー （Florence Griffith Joyner）	陸上競技
1989年	シュテフィ・グラフ（Steffi Graf）	テニス
1990年	ベス・ダニエル（Beth Daniel）	ゴルフ
1991年	モニカ・セレシュ（Monica Seles）	テニス
1992年	〃	〃
1993年	シェリル・スウープス（Sheryl Swoopes）	バスケットボール
1994年	ボニー・ブレアー（Bonnie Blair）	スピードスケート
1995年	レベッカ・ロウブー（Rebecca Lobo）	大学バスケット
1996年	エイミー・バン・ダイケン（Amy Van Dyken）	水泳
1997年	マルティナ・ヒンギス（Martina Hingis）	テニス
1998年	パク・セ・リ（Se Ri Pak）	ゴルフ
1999年	米国サッカー・チーム	
2000年	マリオン・ジョーンズ（Marion Jones）	陸上競技
2001年	ジェニファー・カプリアティ（Jennifer Capriati）	テニス

歴史に名を残した女性

権力と支配力は人々の興味を引くものです。女性も男性も国を支配したり、影響力を持ったり、戦争をしたりしてきました。しかしながら、歴史の中で女性が演じた役割は過小評価されることが多く、忘れ去られることさえありました。そこで歴史を通じ、影響力や支配力のあった女性にスポットライトを当てることにしましょう。

現在のアメリカの通貨にその肖像が使われている女性はスーザン・B・アンソニー (Susan B. Anthony) ただひとりである。アメリカ造幣局では、1979年に彼女の肖像を用いた最初の1ドル硬貨を作った。

歴史上の人物として、郵便スタンプに登場した47人の女性

名前	発行年	功績
イザベラ女王（スペイン）(Queen Isabella)	1893年	彼女の援助により、コロンブスは新大陸発見の航海に出ることができたため。
マーサ・ワシントン (Martha Washington)	1902年	アメリカ初のファーストレディ。
ポカホンタス (Pocahontas)	1907年	ジョン・スミス船長の命を救ったポワタン族の王女。
モリー・ピッチャー (Molly Pitcher)	1928年	独立戦争中のモンマスの戦いで、前線の兵士に水を運んだため、メアリー・ヘイズ・マコーレーは、モリー・ピッチャー（水差し）と呼ばれた。
スーザン・B・アンソニー (Susan B. Anthony)	1936年、1955年	女性の権利のために50年以上も戦い続けたフェミニスト。
バージニア・デアー (Virginia Dare)	1937年	1587年にアメリカで生まれた最初の子供。
ルイーザ・メイ・オルコット (Louisa May Alcott)	1940年	『若草物語』で有名なアメリカの作家。
フランシス・E・ウィラード (Frances E. Willard)	1940年	教育者、改革者、女性参政権支持者。
ジェーン・アダムズ (Jane Adams)	1940年	社会福祉センター"ハル・ハウス"をシカゴに設立。
クララ・バートン (Clara Barton)	1948年	アメリカ赤十字の設立。
ジュリエット・ゴードン・ロー (Juliette Gordon Low)	1948年	アメリカのガールスカウトを創設。
モイナ・マイケル (Moina Michael)	1948年	1915年、赤いポピーの花を売ることによって退役軍人の財団設立運動を始めた。
ベッツィー・ロス (Betsy Ross)	1952年	アメリカでもっとも有名な旗作り職人。
スカジャウェア (Sacajawea)	1954年	1804年のルイスとクラークの探検隊を先導したショショーン族のガイド。
アメリア・エアハート (Amelia Earhart)	1963年	大西洋横断単独飛行を、途中ノンストップでなし遂げた最初の女性。
エリナー・ルーズベルト (Eleanor Roosevelt)	1930年、1984年、1966年	アメリカの外交官、作家、社会改革者であり、フランクリン・ルーズベルト大統領夫人。
メアリー・カサット (Mary Cassatt)	1988年	母と子を描いた作品で最もよく知られているアメリカの画家。
ルーシー・ストーン (Lucy Stone)	1968年	19世紀の奴隷制廃止論者で女性の権利運動のリーダー。
グランマー・モーゼズ (Grandma Moses)	1969年	アンナ・メアリー・ロバートソン・モーゼズが本名で、76歳で絵画の制作を始め、101歳で亡くなるまで絵

名前	発行年	功績
エミリー・ディキンソン（Emily Dickinson）	1971年	を描き続けた。1,700以上の詩を作ったアメリカの詩人。
ウィラ・キャザー（Willa Cather）	1973年	ピューリッツァー賞受賞の小説家。
エリザベス・ブラックウェル博士（Dr. Elizabeth Blackwell）	1973年	アメリカの女医第一号。
シビル・ラディントン（Sybil Ludington）	1975年	アメリカ独立戦争の16歳の英雄。
クララ・マース（Clara Maass）	1976年	黄熱病を媒介する蚊に志願してかまれ、医学の進歩に貢献した25歳の従軍看護婦。
ハリエット・タブマン（Harriet Tubman）	1978年	奴隷の脱出を助けた秘密組織"アンダーグラウンド・レイルロード"のリーダー。
フランシス・パーキンズ（Frances Perkins）	1980年	フランクリン・ルーズベルト大統領によって任命された女性長官（労働省長官）。
ドリー・マディソン（Dolley Madison）	1980年	1814年のイギリス軍占領の間、ホワイトハウスの財産を守ったファーストレディ。
エミリー・ビッセル（Emily Bissell）	1980年	アメリカでクリスマスシールを導入した結核予防運動の指導者。
ヘレン・ケラーとアン・サリバン（Helen Keller and Anne Sullivan）	1980年	「三重苦」を克服した有名な少女と彼女の素晴しき先生。
エディス・ワートン（Edith Wharton）	1980年	『イーサン・フローム』と『汚れなき時代』で知られるピューリッツァー賞受賞の小説家。
ドロシー・ディックス（Dorothea Dix）	1983年	貧困層や精神障害者のために活躍した19世紀の改革運動家。
パール・S・バック（Pearl S. Buck）	1983年	100以上の本を著し、『大地』でピューリッツァー賞を受賞。
レイチェル・カーソン（Rachel Carson）	1981年	1961年の著作『沈黙の春』の刊行は農薬の影響についての論争を巻き起こした。
リリアン・M・ギルブレス（Lillian M. Gilbreth）	1984年	労働効率を上げるため、どのように仕事が行われるのかを分析した労働工学の先駆者。
エドナ・セント・ビンセント・ミレー（Edna St. Vincent Millay）	1981年	弱冠14歳で最初の詩集を出したアメリカの詩人
ミルドレッド（ベイブ）・ディドリクソン・ザハリアス（Mildred ((Babe)) Didrikson Zaharias）	1981年	20世紀最高のスポーツ選手の一人。彼女は陸上競技、ゴルフ、野球、バスケットボールで活躍した。

エミリー・ディキンソン

名前	発行年	功績
メアリー・ウォーカー博士（Dr. Mary Walker）	1982年	南北戦争で、病人やけが人の治療と看護に身を投じた。
メアリー・マクラウド・ビートン（Mary McLeod Bethune）	1985年	教育者であり社会運動家で、黒人女子のためのデイトナ職業訓練校を創設。この学校は現在ビートン・クックマン・カレッジとして知られている。
アビゲイル・アダムス（Abigail Adams）	1985年	ジョン・アダムズ大統領夫人。彼女の夫への手紙がアメリカの政治に影響を与えた。
ソウジャーナ・トゥルース（Sojourner Truth）	1986年	生まれたときはイザベラ・バウムフリーという名であった彼女は、奴隷制反対の声をあげた最初の黒人女性であった。
ベルバ・アン・ロックウッド（Belva Ann Lockwood）	1986年	史上初の女性大統領候補。
マーガレット・ミッチェル（Margaret Mitchell）	1986年	『風と共に去りぬ』でよく知られるピューリッツァー賞受賞作家。
メアリー・ライアン（Mary Lyon）	1987年	マウント・ホリヨーク・カレッジを設立した教育者。
ジュリア・ワード・ハウ（Julia Ward Howe）	1987年	『リパブリック賛歌』の作曲家
ヘイゼル・ワイトマン（Hazel Wightman）	1990年	女子テニスのオリンピック金メダリストで、アメリカ及び世界の女子テニスに最も貢献したことで有名。
ヘレン・マディソン（Helen Madison）	1990年	1932年のオリンピック金メダリスト。
イーダ・ウェルズ（Ida Wells）	1990年	全米黒人向上協会を共同で設立し、市民の権利を求めた活動家。
マリアンヌ・ムーア（Marianne Moore）	1990年	『全詩集』で1951年ピューリッツァー賞を受けた詩人。
ブランシュ・ステュワート・スコット（Blanche Stuart Scott）	1980年	パイロットのライセンスを取得した最初の女性。
ハリエット・クィンビー（Harriet Quimby）	1991年	ドーバー海峡を横断飛行した最初の女性パイロット。
ネリー・カッシュマン（Nellie Cushman）	1994年	「墓場の天使」と呼ばれ、非暴力を唱えた。また孤児達を養育し、公開処刑反対運動を行った。1849年から1925年まで生きた。
マリリン・モンロー（Marilyn Monroe）	1995年	アメリカの映画女優。

君臨した女性たちについて

女性権力者についての事実をいくつか紹介しよう。

- 先史時代、女性は新しい命を産むので神秘的な存在として崇められました。最高位の創造者は女性であり、その「偉大なる女神」"the Great Goddess"は、紀元前7000年から紀元500年に最後の女神の神殿が閉鎖されるまで地上を治めました。
- 10世紀から11世紀にかけて、「ハベ・クイーン」と呼ばれた連続17人の女性がダウラ国を支配しました。ダウラ国は今の北ナイジェリアです。女王の名は以下の通り。

クルフル（Kurfuru）	バタテューム（Batatume）
ザマ（Zama）	シャタ（Shata）
ヤンバム（Yanbamu）	ヤクモ（Yakumo）
ギノ（Gino）	インナガリ（Innagari）
ヤクナ（Yukuna）	ワルザマ（Walzama）
ガマタ（Gamata）	ギジルギジル（Gizirgizir）
シャワタ（Shawata）	サンダマタ（Sandamata）
ハマタ（Hamata）	ダウラ（Daura）
ジャマタ（Jamata）	

- アメリカ先住民イロクォイ族、ナバホ族、そしてポピ族の女性は、それぞれの部族の中で特別な役割を持っています。年齢を重ね、より多くの知恵のある女性がサケム（Sachem）、つまり族長を選びます。女性自身は政治は行わないが、族長が選ばれた後でも力を握っています。というのも、もし、族長がその責務を果たさない場合、族長を辞めさせる力を女性が持っているからです。女性はまた、財政を管理しています。財政は、トウモロコシ、毛皮、乾燥肉や薫製肉、そして糸や貝殻のベルトのような資源で成り立っています。

今日のヨーロッパでは、6人の女王が在位しています。いずれも、女王は在位しても政治からは分離されています。

- エリザベスII世（Queen Elizabeth II）─イギリス

> イギリスの女王エリザベスII世は、現存する女王の中で最も長く在位している。彼女が女王になったのは、1952年のこと。

歴史に名を残した女性

- マルグレットⅡ世（Queen Margrethe II）—デンマーク
- ソフィア女王（Queen Sofia）—スペイン
- シルビア女王（Queen Silvia）—スウェーデン
- ビアトリックス女王（Queen Beatrix）—オランダ
- ファビオラ女王（Queen Fabiola）—ベルギー

以下のような多くの才能をもつ女王もいます。

- デンマークのマルグレットⅡ世（Queen Margrethe II）はイラストレーターとしてもよく知られています。彼女の作品は、J・R・R・トールキン（J. R. R. Tolkien）の『指輪物語』（*The Lord of the Rings*）の新版に登場しています。
- オランダのビアトリックス女王（Queen Beatrix）は、卓越した彫刻家でもあります。
- ハワイのリリウオカラニ女王は、有名な歌「アロハ・オエ」("Aloha Oe")を書いています。
- ビルマ（ミャンマー）の女性は、古来、男性との平等を享受してきました。土着の宗教寺院の碑文には女性の作家や学者、音楽家、そして首長について書かれています。

> **最初の女性トップ**
>
> 1960年　スリランカのシラマボ・バンダラナイケ（Siramavo Bandaranaike）が、近代国家初の首相になる。
>
> 1974年　イザベリタ・ペロン（Isabelita Peron）が、南アメリカで最初の女性の大統領となる。
>
> 1980年　ビグディス・フィンボガドティール（Vigdis Finnbogadottir）が、アイスランドの最初の女性大統領となる。
>
> 1987年　かつては奴隷であったメアリー・ユーゲニア・チャールズ（Mary Eugenia Charles）が、ドミニカの最初の首相に選ばれる。
>
> 1988年　レノラ・フラーニ（Lenora Fulani）が、アメリカの50州すべてで大統領候補者名簿に載った最初の女性かつ最初の黒人となる。
>
> 1990年　ビオレタ・バリオスデ・シャモロ（Violeta Barriosde Chamorro）が、ニカラグア最初の女性大統領になる。
>
> 1994年　シャロン・セイルズ・ベルトン（Sharon Sayles Belton）が、ミネソタ州ミネアポリスで最初の女性かつ黒人市長となる。

台座にのる女性

　記念碑として後世に残る女性達がいます。彼女たちの成し遂げたことにより、全ての人々に見て知ってもらうために、その彫像が作られています。このようにして全てのすぐれた女性が知られるようになるとは限りませんが、こうして記念碑になったアメリカ女性のことは次に列挙しておきましょう。
人物：『美しき国アメリカ』（America the Beautiful）の著者キャサリン・リー・ベイツ（Katharine Lee Bates）。
像：パイクス・ピークの頂上に6フィート2インチのブロンズ像がある。ここで彼女は歌を書く霊感を得た。
場所：彼女が生まれた地、マサチューセッツ州 ファルマスにある。
人物：教育者のメアリー・マクラウド・ビートン（Mary McLeod Bethune）。
像：二人の子供に手を伸ばしている17フィートのブロンズ像で「私はあなた方に、愛と希望と自分の民族を誇りに思う

気持ちをさしあげます」という言葉が刻まれています。
場所：ワシントンD.C.。
人物：メアリー・アン・ビッカーダイク（Mary Ann Bickerdyke）。南北戦争の北軍の救援活動家。
像：けがをした兵士に飲み物を渡す"マザー・ビッカーダイク"の石像で、「彼女は私より位が高い。―シャーマン将軍」という碑文が台座にある。
場所：イリノイ州 ゲイルズバーグ。
人物：アリス・コグズウェル（Alice Cogswell）。アメリカ初のろう学校の初めての生徒。
像：トーマス・ホプキンズ・ギャラデット先生と一緒にAの文字を示している幼いアリス。
場所：ワシントンD.C.のギャラデット大学。
人物：ジェーン・デラーノ（Jane Delano）。赤十字看護婦団を設立しました。
像：看護婦全てを表す像でジェーン・デラーノ記念碑と名づけられています。
場所：ワシントンD.C.。
人物：メアリー・ダイア（Mary Dyer）。宗教の自由に殉じた女性。
像：クエーカー教徒の芸術家、シルビア・ショー・ジャドソン製作の像。
場所：マサチューセッツ州 ボストン。
人物：アメリア・エアハート（Amelia Earhart）。「飛行のゴールデン・ガール」と呼ばれた先駆的な飛行家。
像：金箔におおわれた7フィートの高さの像の基部には、飛行機のプロペラがはめ込まれている。
場所：カリフォルニア州 北ハリウッド。
人物：ローラ・ハビランド（Laura Haviland）。クエーカー教徒の奴隷制廃止論者で脱走した奴隷のためにレーズン工場を作った。
像：自著『ある女性のライフワーク』（A Woman's Life

Work）を手にした座像。
場所：ミシガン州 アドリアン。
人物：メアリー・ジェミソン（Mary Jemison）。インディアンのセネカ族に捕えられたが、自ら選んでそこで暮らした。80歳のとき『メアリー・ジェミソンの生涯』（*The Life of Mary Jemison*）というベストセラーの中で、自分の冒険について語っている。
像：等身大のブロンズ像。
場所：ニューヨーク州 カスティル。
人物：マザー・ジョゼフ（Mother Joseph）。24以上の病院、学校そして孤児院を北西部に設立した。
像：ひざまずいて祈るマザー・ジョゼフの小さなブロンズ像。
場所：ワシントン州 バンクーバー。
人物：アニー・ルイズ・ケラー（Annie Louise Keller）。1927年、竜巻から自分のクラスの生徒全員を命がけで救出。
像：彼女が子供たちを守っているピンクの大理石像。
場所：イリノイ州 ホワイトホール。
人物：ハワイ最後の女王、リリウオカラニ女王（Queen Liliuokalani）。
像：8フィートの高い像で、片手にはハワイ憲法を、もう一方には彼女が書いたハワイの伝統的な別れの歌『アロハ・オエ』の歌詞を持っている。
場所：ハワイ州 ホノルル。
人物：シビル・ラディングトン（Sybil Ludington）。アメリカ独立戦争での16歳の英雄。
像：馬にまたがり、夜間に兵士たちに危険を知らせているブロンズ像。
場所：ニューヨーク州 カーメル。
人物：エディス・グラハム・マヨ（Edith Graham Mayo）。マヨ診療所の共同設立者の妻で、その最初の看護婦。
像：制服姿の小さなブロンズ像。

場所：ミネソタ州 ロチェスター。
人物：アニー・ムーア（Annie Moore）。アイルランド出身の15歳の少女で、1892年に開設されたエリス島の移民局を通過した最初の移民となった。
像：手にかばんを持ち、希望に満ちた表情をしているブロンズ像。
場所：ニューヨーク州 ニューヨーク港にあるエリス島。
人物：エスター・モリス（Esther Morris）。ワイオミング州が最初に女性参政権を認めるように運動してきた。
像：花と書類かばんを持つ若き日のエスターを表わした輝く真ちゅうの像。
場所：ワイオミング州 シャイアンの州議会議事堂の入口。
人物：アニー・オークリー（Annie Oakley）（フィービ・アン・モジー（Phoebe Anne Mozee）。西部開拓時代の射撃の名手。
像：等身大のブロンズ立像で脇にライフル銃を持っている。
場所：オハイオ州 グリーンビル。
人物：ロッティー・ホルマン・オニール（Lottie Holman O'Neill）。イリノイ州議会議員に女性で初めて選出された。
像：州議事堂の円形広間の壁がん（ニッチ）に置かれている。
場所：イリノイ州 スプリングフィールド。
人物：ポカホンタス（Pocahontas）。10歳のときにジェームズタウンの移住者を助け、ジョン・スミス船長の命を救った。
像：等身大の野外像で、助けの手を差しのべている。
場所：バージニア州 ジェームズタウン。
人物：エリナー・ルーズベルト（Eleanor Roosevelt）。大統領夫人で人道主義者。
像：老年の女性が岩に寄りかかっている8フィートのブロンズ像。
場所：ニューヨーク市のリバーサイド・パーク。
人物：フローレンス・サバイン（Florence Sabine）。先駆的な医学者で、公衆衛生法の整備を主張した。

アメリカで最初に彫像になったファーストレディは、エリナー・ルーズベルトである。

像：国立彫像館にあるブロンズ像のレプリカ。研究所の椅子に座り、顕微鏡を手にしている。
場所：コロラド州 デンバー。
人物：スカジャウェア（Sacajawea）。ルイス（Lewis）クラーク（Clark）探検隊の案内係。
像：12フィートのブロンズ像で赤ん坊を背中におぶっている。
場所：ノースダコタ州 ビズマーク。
人物：マリア・サンフォード（Maria Sanford）。教育者で市民運動の指導者。
像：7フィートのブロンズ像で、台座に「ミネソタ州で最も知られ、最も愛された女性」と記されている。
場所：ワシントンD.C.、国会議事堂内の彫像ホール。
人物：サマンサ・スミス（Samantha Smith）。10歳のときに米ソ間の平和大使となった。彼女は13歳のとき、ヨーロッパからメーン州に戻るときの飛行機事故により亡くなった。
像：「メーン州の若き親善大使」を表現するため、平和の使者のハトと一緒にポーズをとるブロンズ像。
場所：メーン州 オーガスタの州議会議事堂。
人物：自由の女神像（Statue of Liberty）。最も有名な女性を象徴する像。モデルは制作者の母のマリー・バーソルディ（Marie Bartholdi）である。
像：151フィート（46メートル）の女性の銅像で、ゆったりしたローブを着、右手に灯火（トーチ）を持ち上げ、左手にはローマ数字の日付を入れた独立宣言の銘板を持っている。1886年に設置された。
場所：ニューヨーク港のリバティ島。
人物：ガートルード・スタイン（Gertrude Stein）。作家。
像：かつて彼女が自分自身を「ユダヤの大仏」と表現した座り方をしているブロンズ像。
場所：ニューヨーク州、ブライアント公園。
人物：ウィ＝ノ＝ナ（We-no-nah）。インディアンの女性で、伝説によると、父の決めた戦士との結婚を嫌って入水自殺し

勇敢なショショニ族のガイド、スカジャウェアの像は全米で5つ作られ、記録を持っている。

歴史に名を残した女性

た女性。
像：鹿皮のふさ飾りのついた長い服を着て、左肩の上に伝統的な太陽の形の飾りをつけた姿のブロンズ像。
場所：ミネソタ州 ウイノナ。この市の名は、彼女の名に由来する。
人物：フィリス・ホイートリー（Phillis Wheatley）。有名な奴隷詩人。
像：エリザベス・カトレット（Elizabeth Catlett）作のブロンズ像で、黒人の女性詩人たちによって捧げられた。
場所：ミシシッピー州 ジャクソン。
人物：エマ・ウィラード（Emma Willard）。女子教育に貢献した。
像：お気に入りの椅子に腰掛け、右手に本を持った像。
場所：ニューヨーク州 トロイのエマ・ウィラード・スクールの外にある。
人物：女性の権利運動の指導者たち。
像：最初の世界女性の権利会議に出席した19人の男女の等身大の像の集まり。その中にはルクリーシア・モット（Lucretia Mott）、エリザベス・ケイディ・スタントン（Elizabeth Cady Stanton）、そしてジェーン・ハント（Jane Hunt）がいる。
場所：ニューヨーク州 セネカフォールズの国立歴史公園。

世界の女神たち

　"大地の母"とか"宇宙の女王"とか"天の女王"といったものは全て、創造者、法を授けるもの、予言者、治療師、狩猟者、戦争指導者、そして真実を与えるものとして信じられている女神です。世界各国の時代をさかのぼって、重要と思われる女神を見てみましょう。

北アメリカ

　ほとんどのインディアンの部族では、生命の起源は女性に

あると考えられていました。また、雨やとうもろこしといった、命の源となっているものの全ての精霊は女神が生み出すものと考えられていました。

- セドナ（Sedna）。この女神は海の生物を支配していました。イヌイット族（エスキモー）の人々は、この女神は身を守るためにみにくい姿をしていると信じていました。彼女を見ようとするものはすぐに死んでしまうとされていました。
- セル（Selu）。オクラホマ州のチェロキー族のトウモロコシの女神で、トウモロコシが育ち、人々に命を与えるために、自らの胸を切り開くとされています。
- 青のトウモロコシの女性と白のトウモロコシの娘。ニューメキシコ州のテワア・プエブロの人々にとって、この二人は最初の母でした。「青」が夏の母で「白」が冬の母でした。
- 三姉妹。ニューヨーク州に住んでいたイラクオイ族の伝統では、トウモロコシや豆、そしてウリが生き生き育つのは、この三姉妹のおかげとされており、日々、感謝を捧げます。
- 白い化粧の母。白い化粧の母は水の子供の母であり、その子の子孫がアパッチの人々とされています。彼女は、子供をお腹の中で守り、怪物を倒し、アパッチのために平穏な生活を守ってくれるのです。
- 白い仔野牛の女。ラコタ族の人達のために、彼女はパイプを与えました。そのパイプは真実を表しています。

中国
- 中国の女神マク（Ma-ku）は、全ての人々の善を人格化したもの。彼女は海から大地を作り、クワの木を植えました。また、残酷な父から奴隷を解放しました。
- クァン・イン（Kuan Yin）は、中国の人にとって知恵と純粋さを表しています。彼女は千の腕を持ち、無限の慈悲心を表しています。

エジプト

- ナット（Nut）は天国を表し、その体は星の点で覆われています。また、万物が創造される前に存在していたとされています。
- イシス（Isis）は農耕を発明しました。彼女は、法と治療と豊作の女神です。
- ハトホル（Hathor）は女性の全てを守ってくれる神です。
- テフナット（Tefnut）は露の神です。

古代ギリシアとローマ

- アフロディテ（Aphrodite）は、世界に愛をもたらし、存続させるギリシアの神。ローマ語の名はビーナスです。
- アルテミス（Artemis）は、狩猟と子供の誕生を司る神。ローマ語の名はダイアナです。
- アテナ（Athena）は、工芸と戦争と知恵の神。ローマ語での名はミネルバです。
- デメテル（Demeter）は、あらゆるものの成長を司る神。ローマ語では、セレスです。
- ガイア（Gaea）は、ギリシアの大地の神。ローマ語での名はテラです。
- ヘラ（Hera）は、結婚と女性を守るギリシアの神。ローマ語での名はジュノーです。
- ヘスティア（Hestia）は、ギリシアの暖炉と家の神。ローマ語の名はベスタです。
- イオス（Eos）は、ギリシアの夜明けを司る神。彼女が毎日、海から現われ、馬車に乗って空に上がっていくものと考えられていました。そして朝の露は、殺された彼女の息子のための涙を表しているとされています。ローマ語の名はアウロラです。

ハワイ

- ペレ（Pele）は、力強いハワイの火の神です。彼女はキラウェア火山に住み、火の神の一族をまとめているのです。

怒ると、熱い岩石や溶岩を島中に吐き出すとされています。
- ヒイアカ（Hiiaka）は、ペレの一番下の妹。彼女は激しい戦士であると同時に、人間にとっては優しく穏やかな友人です。彼女は、病気の治し方や創造のための技術、そして、物語をする力を人々に与えました。

アイルランド
- ダヌ（Danu）は、ケルト族の神話で最も重要な種族、トゥアナ・ド・ダナンの母でした。
- ブリジット（Brigit）は、アイルランド人に言葉を与えました。
- アイルランドの神のセリド（Cerrid）は、人間に知恵と知識をもたらしました。
- カイレック（Caillech）は、最も賢明な神で、山を動かすことができ、月の娘と考えられていました。

スカンジナビア
- フレイジャ（Freyja）は、愛と美の神。
- ヘル（Hel）は、あの世を治めている神。
- ノーン（Norns）は、命の木の周囲に生きている三人姉妹。そして現在、過去、未来を支配していると考えられていました。

世界の女性支配者たち

　歴史と地域を通じて、多くの女性が国を支配してきました。今日でも多くの女性の指導者がいます。多くの場合、現存の女王は権力を持っていても、実際に国を治めているわけではありません。象徴としての支配者は除き、ここでは実際に国を治めた女性を挙げ、治めた国と在位を掲げます。

国	名前	在位
アルゼンチン	イザベリタ・ペロン大統領（President Isabelita Peron）	1974-1976

歴史に名を残した女性

女王が退位するとは、平和のうちにその地位を譲ることであり、廃位とは、力によって王位を奪われるということです。

国	人物	年代
アルメニア	ザベル女王（Queen Zabel）	1219-1226
ボリビア	リディア・グェイラー首相（Prime Minister Lidia Gueiler）	1979-1980
ブルンジ（中央アフリカの共和国。1962年独立）	シルビー・キニギ首相（Prime Minister Sylvie Kinigi）	1993-現在
東ローマ帝国	女帝テオドラ（Empress Theodora）	1055-1056
カンボジア	コサマク女王（Queen Kossamak）（共同統治者）	1955-1960
カナダ	キム・キャンベル首相（Prime Minister Kim Campbell）	1993（4ヵ月）
中央アフリカ共和国	エリザベス・ドミチェン首相（Prime Minister Elizabeth Domitien）	1974-1976
中国	則天武后（Empress Wu Chao）	655-705
	西太后（Empress Tsu-Hsi）	1875-1879、1898-1908
ドミニカ共和国	メアリー・ユーゲニア・チャールズ首相（Prime Minister Mary Eugenia Charles）	1980-現在
デンマーク	マーガレット女王（Queen Margaret）	1387-1412
	女王マルグレットII世（Queen Margrethe II）	1972-現在
エジプト	ハトシェプスト女王（Queen Hatshepsut）	紀元前1501-1498
	エジェ女王（Queen Eje）	紀元前1351-1350
	女王アルシノエII世（Queen Arsinoe II）（共同支配者）	紀元前279-270
	ベレニス女王（Queen Berenice）	紀元前81-80
	女王クレオパトラ7世（Queen Cleopatra VII）	紀元前51-50
エチオピア	ワイゼロ皇后（Empress Waizero）	1916-1930
フランス	エディス・クレソン首相（Prime Minister Edith Cresson）	1991-1992
イギリス	ジェーン女王（レディ・ジェーン・グレイ）（Queen Jane (Lady	

	Jane Grey))	1553（9日のみ）
	女王メアリI世（Queen Mary I)	1553-1558
	女王エリザベスI世 (Queen Elizabeth I)	1558-1603
	女王メアリII世（Queen Mary II) （共同統治）	1689-1702
	アン女王（Queen Anne）	1702-1714
	ビクトリア女王 (Queen Victoria)	1837-1901
	女王エリザベスII世 (Queen Elizabeth II)	1952- 現在
	マーガレット・サッチャー首相 (Prime Minister Margaret Thatcher)	1979-1990
ハイチ	エリタ・パスカル・トゥルイロット暫定大統領（Provisional President Erita Pascal-Trouillot)	1990
ハンガリー	女王メアリー（Queen Mary）	1382-1387
	女王エリザベス (Queen Elizabeth)	1439-1440
	女帝マリア・テレジア (Queen Maria Theresa)	1740-1780
アイスランド	ビグディス・フィンボガドティール首相（President Vigdis Finnbogadottir)	1980- 現在
インド	インディラ・ガンディ首相 (Prime Minister Indira Gandhi)	1966-1977、1980-1984
アイルランド	メアリー・ロビンソン大統領 (President Mary Robinson)	1990- 現在
イスラエル	女王アタリア（Queen Athaliah)	紀元前842-837
	ゴルダ・メアー首相 (Prime Minister Golda Meir)	1969-1974
イタリア	テオデリンダ女王 (Queen Theodelinda)	590
	ナポリの女王ジョアンナI世 (Queen Joanna I of Naples)	1343-1381
	シシリーの女王マリア (Queen Maria of Sicily)	1377-1402
	ナポリの女王ジョアンナII世 (Queen Joanna II of Naples)	1414-1435

エリザベスI世
ビクトリア女王

日本	推古天皇	593-628
	皇極天皇	642-645
	持統天皇	686-697
	元明天皇	703-724
	孝謙天皇	749-758（退位）
	称徳天皇	764-770
リトアニア	カジミクラ・プルンスキーン首相（Prime Minister Kazimicra Prunskiene）	1990-1992
マダガスカル	女王ラナバロナⅠ世（Queen Ranavalona I）	1828-1861
	女王ラソアヘリナ（Queen Rasoaherina）	1863-1868
	女王ラナバロナⅡ世（Queen Ranavalona II）	1868-1883
	女王ラナバロナⅢ世（Queen Ranavalona III）を廃された）	1883-1896（王位
オランダ	女王ウィルヘルミナ（Queen Wilhelmina）	1890-1948（退位）
	女王ジュリアナ（Queen Juliana）	1948-1980
ニカラグア	マリア・リベリア・ペレス大統領（President Maria Liberia Peres）	1984-1985
	ビオレタ・バリオスド・チャモロ大統領（President Violeta Barriosde Chamorro）	1990-現在
ノルウェー	マーガレット女王（Queen Margaret）	1387-1412
	グロハレム・ブランドラント首相（Prime Minister Groharlem Brundtlandt）	1981及び1986
パキスタン	ベナジル・ブット首相（Prime Minister Benazir Bhutto）	1988-1990
フィリピン	マリア・コラソン・アキノ大統領（Maria Corazon Aquino）	1986-1992
ポーランド	ヘドウィッジ女王（Queen Hedwige）	1384-1399
	ハンナ・スチョカ首相（Prime	

	Minister Hanna Suchocka)	1992-1993
ポルトガル	女王マリアⅠ世 （Queen Maria I）	1777-1816
	女王マリアⅡ世 （Queen Maria II）	1826-1828
	女王マリアⅢ世 （Queen Maria III）	1834-1853
	マリア・ド・ルーデス・ピンタシルゴ首相（Prime Minister Maria de Lourdes Pintasilgo）	1979（149日）
東ローマ帝国	エイレネ女帝（Empress Irene）	797-802
ロシア	女王タマラ（Queen Tamara）	1184-1212
	女帝エカチェリーナⅠ世 （Empress Catherine I）	1725-1727
	女帝アンナ・イワノワ （Empress Anna Ivanovna）	1730-1740
	女帝エリザベス・ペトロノワ （Empress Elizabeth Petrovna）	1741-1762
	女帝エカチェリーナⅡ世 （Empress Catherine II）	1762-1796
スコットランド	女王メアリー・スチュワート （Queen Mary Stuart）	1542-1567（廃位）
セミノル部族連合	ベティ・マエ・ジャンパー （Betty Mae Jumper）	1960-1969
スペイン	女王ドナ・ウラカ （Queen Dona Urraca）	1109-1126
	女王ジュアナⅠ世 （Queen Juana I）	1274-1307
	女王ジュアナⅡ世 （Queen Juana II）	1328-1349
	女王ドナ・ブランカ （Queen Dona Blanca）	1425-1441
	女王イザベラⅠ世 （Queen Isabel I）（共同統治）	1474-1504
	女王カタリーナ・ド・アルブレット （Queen Catalina de Albret）	1481-1512
	女王イサベラⅡ （Queen Isabel II）	1833-1868
スリランカ	女王アヌラ（Queen Anula）	紀元前47-42
	女王シバリ（Queen Sivali）	紀元前35
	女王ララバティ	

女帝エカチェリーナⅠ世
女王イザベラⅡ世

歴史に名を残した女性

	（Queen Lalavati） 女王カリャナバティ	1197-1200
	（Queen Kalyanavati） 女王リラバティ	1202-1208
	（Queen Lilavati）（復位） シラマボ・バンダラナイケ 首相（Prime Minister Sirimavo Bandaranaike）	1209-1212 1960-1965、 1970-1977
スウェーデン	女王クリスティーナ （Queen Christina） 女王ウルリカ・エレオノラ （Queen Ulrica Eleonora）	1632-1654（退位） 1718-1720（退位）
トンガ	女王サロテ・トゥボーIII世 （Queen Salote Tubou III）	1918-1965
トルコ	タンスー首相 （Prime Minister Tansu）	1993-現在

「エミリー（EMILY）のリスト」は、民主主義の女性が政治の世界に選出されることを推進するための政治的ネットワーク。EMILYは、Early Money Is Like Yeast（早めの資金は活性剤）の略語。

「ウイッシュ（WISH）リスト」は、議会および自治体首長選挙において、妊娠中絶合法化支持の立場に立つ共和党の女性候補者に、時間や資金を提供してそのキャンペーンを支持する組織。WISHは、Women In the Senate and House（上院および下院の女性）の略語。

議会での女性

ここでは、アメリカ議会の過去と現在の女性議員についての事実に触れておきます。

● これまで、163人の女性がアメリカ国会議員に当選したり、任命されたりしています。モンタナ州出身の共和党のジャネット・ランキン（Jannette Rankin）が、国会議員に選ばれた最初の女性です。1916年11月9日、彼女は、モンタナ全州区から選出され、第65回議会に登場しました。彼女は1917年から1919年まで議員を務めました。それ以降162名の女性が議会で活躍してきました。

● 第103回議会で、女性議員の数の記録が生まれました。下院に48名、上院に7名です。キャロル・モースリー＝ブラウン（Carol Moseley-Braun）は、イリノイ州選出の民主党議員で、上院の新人議員でしたが、初の黒人女性議員で、初の民主党の黒人議員となりました。

● 下院ではこれまで144人の女性議員が登場していますが、このうち32名が夫の死により欠員となった議席に補充さ

れています。そして15人が次の選挙にも当選しています。
- マサチューセッツ州の共和党議員、エディス・ナース・ロジャーズ（Edith Nourse Rogers）は、下院の女性議員として、最も長く務めた記録を持っています。もともとは、夫の死去により行われた選挙で選ばれましたが、1925年6月25日から死去する1960年9月10日まで、その職にありました。
- フロリダ州選出の共和党下院議員、イレーナ・ロス＝リーティナー（Ileana Ros-Lehtineor）は1989年に初当選しました。彼女は下院議員としては初めてのヒスパニック系の女性であり、また最初のキューバ出身のアメリカ人議員となりました。また、ニューヨーク州選出の民主党下院議員、ニディア・ビレスケス（Nydia Velazquez）は、1992年に初当選し、議会初のプエルトリコ出身女性議員となりました。

監修者あとがき

　かつて聖心女子大・文学部英文学科に在籍していた若い女性4名がこの原作、The Information Please — Girls' Almanacを発見して、翻訳に取り組み、やっと完成したのが、本書である。このタイトルをやや忠実に和訳すれば、『情報発信：少女年鑑』とでもなろうが、迷ったあげく、邦題は『現代女性ミニ事典』ということにした。この内容が若い女性のための、女性に関する情報提供本であるからだ。輝かしい女性の足跡を辿りつつ、女性自身でも自覚していないような女性の本質を過激ではなく、やんわりと浮彫りにしてある本書は、女性にとってばかりでなく、男性が読んでみても、大変興味深い内容を伴っている。

　本書により、世の男性諸氏は、21世紀の地球を共に支えていくパートナーとしての女性により大きな信頼感を抱くと同時に、男女平等という概念の正しさをより深く実感するであろう。そして一方女性達はより大きな自信を持って、21世紀をあらゆる差別の消失した世界へと導いていってくれるであろう。

　原著者のMargo McLooneとAlice Siegelは共に女性であり、本書はまさに女性による、女性のための、女性に関する啓蒙書であり、それを日本の若い女性4名が訳出したという点にも大いに意義があると思われる。彼女らは初体験の翻訳に取り組み、大いに苦労したことであろうが、こうした意義ある書物を刊行したことに、今大きな喜びを感じているはずである。これを契機として、さらに大きな成長を遂げられることを期待している。

　本来ならば、この4名の女性に全文の翻訳を任せるべきであったが、時間の都合もあって、ほんの一部の翻訳を、監修者の私と私のかつての教え子・手塚淳君が手伝うことにした。また手塚君には監修の仕事も手伝ってもらった。また訳文全体に目を通して、多くの助言をいただいた一場慎司氏、相原

律子氏には心より御礼申し上げる。監修にさいしては、訳者達の感性を尊重して、訳文の修正は最小限度にとどめておいた。

なおこの原作は1995年に出版されており、最新情報にはやや欠けるきらいがある。そこで原作にはない若干の補充はしておいたが、必ずしも十分な補充とは言えず、その点では読者の皆様に申し訳なく思っている。また原文中で日本に関する記述に若干誤りや時代錯誤的なものが見られたが、それらは敢えて訂正せず、訳出しておいた。欧米では、日本がまだそんな風に見られているのかという点を、読者の皆様にも実感してもらいたかったからである。

最後に、本書の刊行にさいして、並みなみならぬご尽力を賜わった松柏社社長、森信久氏および同社編集部の皆様に、心より御礼申し上げる。

奥田　俊介

現代女性ミニ事典

2004年7月31日　初版発行

著　者　マーゴ・マクルーン／アリス・シーゲル
監修者　奥田俊介（監修助手）手塚　淳
訳　者　小西万紀子／田中眞奈子／錦織　愛／
　　　　奥田昇子
発行者　森　信久
発行所　株式会社　松柏社
　　　　〒102-0072　東京都千代田区飯田橋1-6-1
　　　　TEL 03 (3230) 4813（代表）
　　　　FAX 03 (3230) 4857
　　　　e-mail: info@shohakusha.com

イラストレーション　三嶋典東
ブックデザイン　熊澤正人＋八木孝枝（パワーハウス）
本文デザイン・組版　相原律子
印刷・製本　（株）平河工業社
ISBN4-88198-0067-3

© S. Okuda, J. Tezuka, M. Konishi, M. Tanaka,
A. Nishigori and N. Okuda 2004　Printed in Japan

本書を無断で複写・複製することを禁じます。
落丁・乱丁は送料小社負担にてお取り替え致します。